Salli Rasberry
Carole Rae Watanabe

Sterben leicht gemacht

G. Reichel Verlag

Orginaltitel der amerikanischen Ausgabe: **The Art of Dying**

CELESTIAL ARTS. P.0.Box 7123, Berkley, Kalifornien 94707, USA

G. Reichel Verlag
Reifenberg 85
91365 Weilersbach Germany
Tel: 09194-8900, Fax: 09194-4262
e-mail: info@.reichel-Verlag.de
www.reichel-verlag.de

Umschlag-Gestaltung Greene Design
Deutsche Gestaltung: Stephan Huber

ISBN 3-926388-64-1

Für Sasha Harrison

und

Tobin Yelland

Dank

Herzlichen Dank an all diejenigen, die sich die Zeit nahmen und uns ihre - manchmal schmerzlichen und immer wichtigen - Geschichten erzählten. Eure Geschichten sind das Herz dieses Buchs.

Endlosen Dank an Padi Selwyn, Kollegin und herrliche Freundin, die dabei half, den Grundstein für dieses Buch zu legen. Für Deine Beiträge, Geschichten, Interviews, Tränen und dein Lachen - danke, Du Süße!

Vielen Dank an meine Mitspaziergänger Nancy Rowinsky, Miriam Redstone und Jill Goffstein, die fünf Jahre lang sämtliche Inkarnationen dieses Buchs geduldig miterlebten und ihren Scharfblick und ihre Unterstützung beitrugen. Besondere Ehre gebührt Jill, der Königin der Rituale, für ihre Arbeit mit Ritualen und Zeremonien.

Dank an Sasha Harrison, die alle Interview getippt hat, und an Mary Reid, die es auch in schweren Zeiten nicht an Ermutigung fehlen ließ. Du hörst nicht auf, mein Leben mit Deinem großzügigen Geist zu erhellen. Dank auch an Karen Leonard, die mehr als alle anderen Lebenden über den Tod wissen, und an Judy Tilt, die es versteht, mit Anmut zu leben.

Dank an Farley W. Wheelwright, dem ich nicht nur meine Kenntnisse über Adjektive verdanke, und an Robert Kourich, in dessen Garten die Idee für dieses Buch entstand und der viele Jahre lang mein Begleiter in der nicht immer einfachen Welt der Buchverlage war. Dank an Willis Eschenbach, die mich nicht nur einmal aus der Computerhölle rettete, und an Michael Eschenbach, der alle meine Lieblingslieder mit Genuss singt und obendrein noch ein wunderbarer Tänzer ist.

Segenswünsche für unsere hervorragende Lektorin Veronica Randall und für David Charlsen, der immer in meinem Herzen ist. Und schließlich für Wat, dem Schutzengel im Kunsthimmel.

Inhaltsverzeichnis

Vorwort der Autorin

Mit dem Schreiben dieses Buch verbinden wir den Wunsch, eine vollkommenere Vision des Todes hervorzubringen. Es ist Zeit, den Tod aus den Schatten der Unterwelt in das Sonnenlicht unseres Lebens einzuladen, ihm die Türen zu öffnen und Angst und Verweigerung durch Freude und Freiheit zu ersetzen.

Es gibt bereits Anfänge einer neuen Bewegung. Seit rund zwanzig Jahren arbeiten selbstbewusste und kreative Menschen an eigenen Hochzeitszeremonien, bestimmen selbst, wie und wo ihre Kinder geboren werden, und sind jetzt dabei, Tod und Sterben neu zu definieren.

Wir möchten möglichst viele Menschen ansprechen und ermutigen, denn wir wollen das Leben und den Tod nicht in isolierten Grüppchen feiern, sondern Teil eines größeren spirituellen Erwachens werden. Unser modernes technologisches Zeitalter hat uns in die Isolation getrieben. Wir haben uns von einander, vom Leben und vom Tod isoliert. Doch wir haben die Wahl. Wir können losgelöste Zuschauer bleiben oder die Gelegenheit ergreifen und uns für mehr Mitgefühl und Sinn in unserem Leben stark machen.

Todesangst lähmt uns und hält uns davon ab, das Leben in vollen Zügen zu genießen, weil sie uns unsere Authentizität raubt und uns dazu verdammt, an der Oberfläche haften zu bleiben. Wir müssen uns für die Botschaften des Todes öffnen. Dieses Bewusstsein spornt uns dazu an, unser Leben überzeugend zu leben und schön zu gestalten. Ansonsten wird unsere Seele verhungern. Der Tod will beim Festmahl des Lebens zugegen sein, denn die Kunst des Lebens und die Kunst des Sterbens sind untrennbar miteinander verbunden. Das ständige Bewusstsein des Todes in unserem Leben wirkt als Katalysator, der mehr Glanz in unser Leben bringt.

Wir waren nicht immer so abgetrennt vom Tod. Für die amerikanischen Pioniere beispielsweise war der Tod ein ständiger Gefährte. Die Kinder wuchsen mit ihm auf und akzeptierten ihn als natürlichen, normalen Teil des Lebens. Erst um die Wende zum 20. Jahrhundert begannen Bestattungsinstitute, sich an Stelle der Familie um die Verstorbenen zu kümmern. Offizielle Prozeduren ersetzten nun natürliche Impulse. Überall entstanden Krankenhäuser, die medizinische Technologie florierte, und die Kranken und Sterbenden wurden nicht mehr zu Hause versorgt. Allmählich betrachtete man den Tod nicht mehr als Teil des Lebens.

Um ein erfülltes Leben zu leben, müssen wir den natürlichen Verlauf der Dinge wieder einfordern. Dazu müssen wir als erstes anfangen, über den Tod zu sprechen. Wir müssen über den Tod genauso ehrlich wie über die anderen Übergänge in unserem Leben reden. Die großen Transformationen oder Umwälzungen im Laufe unseres Lebens sind alle Teil der Reise, die uns zu unserem letzten Übergang bringen.

In diesem Buch finden Sie praktische Weisheiten und authentische Zeremonien zur Feier dieser Übergänge, damit Sie die reichen Möglichkeiten Ihres Lebens erforschen und gleichzeitig die Angst vor Veränderung und Tod entmystifizieren können. Wir glauben, dass Sie an Tiefe gewinnen werden, wenn Sie beginnen, Ihre Freiheit zu leben und dabei neue Möglichkeiten für Ihr Leben entdecken.

Eine Gemeinschaftsproduktion

Carole und ich haben unseren höchsten Ausdruck und unsere tiefste Freude in der gemeinschaftlichen Arbeit entdeckt und empfinden dies bei der Erforschung der Zusammenhänge zwischen der Kunst des Lebens und des Sterbens als besonders wertvoll. Dass wir uns gemeinsam auf ein Gebiet so starker Tabus gewagt haben und unseren Ängsten ins Auge blickten, öffnete uns die Herzen auf eine Weise, wie es uns allein nicht möglich gewesen wäre. Dieses Buch ist eine wahre Gemeinschaftsproduktion. Wir beide steuern unsere persönlichsten Gaben zu seiner Entstehung bei.

Anstatt uns zu merken oder darüber nachzudenken, wer was getan oder gesagt hat, beschlossen wir, in der ersten Person Singular zu schreiben. Wir haben uns der Kunst des Todes gewidmet - legten einen Sarggarten an, schufen Kunstwerke, bauten ein Todesschloss, errichteten Altäre, veranstalteten Workshops, träumten Worte und Bilder, verschlangen Bücher und interviewten Hunderte von Menschen, um Ihnen dieses Buch geben zu können. Die Erforschung des Todes hat unser Leben sehr bereichert, und wir möchten das Gelernte gern weitergeben.

Wir hoffen, dass Sie nicht nur die Worte lesen, die wir hier geschrieben haben, sondern dass Sie auch bereit sind, Zeit in die Praxis zu investieren, mehr Risiken mit kreativen Lösungen einzugehen und die Veränderungen voll und ganz auszukosten, die Ihnen das Leben abverlangt. Wir haben viele Werkzeuge der Transformation zusammengetragen, die Ihnen helfen sollen, die großen Veränderungen in Angriff zu nehmen, wenn sie auftreten. Um Ihre Kreativität anzuregen, geben wir Ihnen wirksame Rituale, Modelle, Geschichten und Leitlinien an die Hand, die Ihnen dabei helfen können, die Befreiung des Todes anzunehmen und das Leben nachdrücklicher und absichtsvoller zu leben

Wir lernen alle gemeinsam. Vertiefen Sie mit uns zusammen das Bewusstsein von der unheimlichen, wundersamen, geheimnisvollen inneren Welt, in der wir die Gaben entdecken werden, die der Tod für uns bereit hält. Tod - der spirituelle Teil des Lebens.

Kapitel 1:

Die großen Veränderungen

Am nachdrücklichsten wird uns von der Natur der Prozess der Wandlung vor Augen geführt. Im Wechsel der Jahreszeiten wird sichtbar, dass nichts auf Dauer vergeht. Die Formen verändern sich, und in jedem Frühjahr entsteht wieder neues Leben. Unkraut, verwelkte Blumen, Blätter, abgeschnittene Zweige von Obstbäumen und Küchenabfälle werden im Garten in Kompost umgewandelt und führen der Erde Nahrung für weitere Ernten zu.

So wie die äußere Landschaft verändert sich auch die innere Landschaft des Menschen fortwährend. Gemütsbewegungen und Gefühle ziehen sich immer wieder zusammen, um sich dann von neuem auszudehnen. Veränderung wohnt allem menschlichen Leben inne. Helen Nearing sagt in *Loving and Leaving the Good Life*: „An der Liebe teilgehabt und Liebe gegeben zu haben ist der größte Lohn, den wir vom Leben empfangen können. Die Liebe scheint endlos zu sein; sie setzt sich auf ewig fort. Lieben und Abschied nehmen sind Teil des Lebens."

Die meisten von uns haben nie gelernt, Veränderungen bewusst und absichtsvoll zu erleben, sondern finden sich gezwungenermaßen damit ab. Es ist, als würden wir willkürlich von Welle zu Welle geschleudert. Manchmal machen wir die erregende Erfahrung, eine Welle ergreifen und reiten zu können, dann wieder werden wir ohne viel Aufhebens ans Ufer gespült. Wie wir uns auf eine Veränderung einlassen, macht jedoch die Qualität unseres Lebens und Sterbens aus und bestimmt unsere persönliche Odyssee. Da das Leben eine Spirale ist, können wir unmöglich wissen, was auf uns zukommt. Deshalb ist es klug, wenn wir im Bewusstsein des ständigen Wandels leben. Die Herausforderung des Wandels anzunehmen wird uns stärken und uns auf die nächste Veränderung vorbereiten, die sich gerade formiert.

Im Lauf Ihres Lebens gehen Sie durch viele Übergangsperioden. Wenn Sie die Brücken der Veränderung oft genug überqueren, werden Sie mit der Zeit lernen, die Zeichen am Weg zu erkennen. Je bewusster Sie die großen Veränderungen erleben, desto leichter werden Sie mit dem Tod umgehen können. Einer meiner Freunde, ein Buddhist, betet für widrige kleine Veränderungen, damit er seine psychischen Muskeln für die unvermeidlichen großen Veränderungen trainieren kann.

Alle Veränderungen im Leben, ja selbst noch die simpelsten Abweichungen von persönlichen Gewohnheiten, testen unsere Fähigkeit, das Vertraute loszulassen. Das Leben geht weiter, und indem wir Herausforderungen begegnen und sie überwinden, bauen wir Selbstvertrauen auf. Unsere durchlebten Veränderungen und unser Wachstum machen es möglich, dass wir die letzte Veränderung des Todes mit der Zuversicht angehen, leicht und mit dem Gefühl der Erfüllung zu sterben.

Es ist natürlich wunderbar, wenn wir die guten Zeiten in unserem Leben besonders hervorheben, doch gilt dies genauso für die schweren Herausforderungen, wie den Verlust eines Arbeitsplatzes, Krankheit, Unfall oder das Ende einer Beziehung. Da wir für solche Ereignisse keine Rituale haben, empfinden wir schwierige Zeiten oft als beschämend oder peinlich und neigen dazu, unseren Schmerz und unsere Wut zu verstecken, indem wir uns zurückziehen. Langsam aber sicher erkennen jedoch immer mehr Leute, wie hilfreich ein Ritual in schweren Zeiten sein kann. Ich hoffe, Sie werden sich in Zeiten des Verlusts und in Schwierigkeiten Rituale schaffen, die Ihnen ganz persönlich entsprechen.

In schweren Zeiten fällt es vielleicht schwer, daran zu glauben, dass das Negative im Leben zu unserem Nutzen geschieht. Wenn Sie spontan mit Abwehr reagieren, wenn Sie dagegen ankämpfen, um sich schlagen und losheulen, dann sind Sie damit nicht allein. Von allen Lektionen, die uns das Leben erteilt, sind wir am meisten durch die Einsicht gefordert, dass sich alles ständig wandelt und dass diese Tatsache unserem Machtbereich entzogen ist. Wie wir auf Veränderungen reagieren und ob wir bereit sind, uns voll und ganz auf das Leben einzulassen, steht dagegen sehr wohl in unserer Macht. Wenn Sie sich in dem Versuch üben, aus Erfahrungen zu lernen, und wenn Sie begreifen, dass auch eine schlimme Erfahrung ‚vorübergeht', dann nimmt die Veränderung eine neue Dimension an. Ich will damit nicht sagen, Sie hätten eine Lektion gebraucht oder Sie hätten sich Ihr Unglück selbst eingebrockt. Ein solcher Blickwinkel ist im besten Falle ärgerlich. Ich spreche von dem philosophischen Konzept, der Veränderung Aufmerksamkeit zu schenken, solange sie noch im Gange ist, und sie als Ausgangspunkt für Wachstum und Abschied zu nutzen, um einen neuen Lebensabschnitt beginnen zu können. Verlust lässt sich umwandeln, wenn Sie offen bleiben und nach vorn blicken, anstatt sich an das zu klammern, was einmal war oder was hätte sein können. Um das wertvolle Geschenk sehen zu können, das uns widrige Umstände zu bieten haben, müssen Sie den Deckel von Ihrer Neugierde lüften und Möglichkeiten erforschen, mit denen Sie sich noch gar nie auseinander gesetzt haben. In einer Zeit, in der Sie zu kämpfen haben, kann dies ihre wichtigste Aufgabe sein.

Anne Hill, Autorin von *Circle Round, Raising Children in Goddess Tradition* macht ihre Kinder mit der Unbeständigkeit des Lebens vertraut. Sie schrieb folgendes Gedicht, um ihrer Familie in einer Zeit des Kummers zu helfen.

El Día de Los Muertos

Wickle diesen kleinen Körper in schwarze Seide,
reiche mit deinem Arm hinunter in das feuchte Loch,
schultertief - leg ihn dort nieder,
wo sich die Eichenwurzeln treffen,
um in der Kälte zu saugen.
Die Rosen, kurzstielig, kommen als nächstes,
zusammen mit Steinen, in denen der Ozean tönt.
Lass die Kinder eine Süßigkeit holen,
ein Spielzeug für ein zahnendes Kind.
Sie tun es, obwohl er noch gar keine Zähne hatte.
Drück die Erde fest, zuerst mit kleinen Händen,
dann mit größeren, klopf sie glatt, während dir
Eicheln auf die Knöchel und in den Schoß fallen.
Ein Stein, grau wie der Körper da unten,
zeigt die Stelle an wie ein Nabel,
Ringelblumen sind über Erde und Fels gestreut,
sinken wie Glut aus der Sonne.
Am Ende, jetzt, in der kalten blauen Luft
schüttelt eine neue Stimme das Laub,
erhebt sich wie Rauch
durch den Schleier des Tages
in die Wiege der Welt.

Im vergangen Jahr fühlte ich mich festgefahren und wusste nicht recht, welche Richtung ich einschlagen sollte. Meine Arbeit kam mir auf einmal zu glatt vor, zu unbedeutend; sie schien meine wirklichen Gefühle nicht mehr widerzuspiegeln. Ich fühlte mich eingeengt und sehnte mich nach irgend einem großartigen Ereignis, das mich retten sollte. Ich durchlebte den Tod einer bestimmten Phase meines Lebens und meiner Kunst.

Etwas begann wieder in Bewegung zu kommen und zu wachsen, aber mir kam es vor, als würde ein großes Stück von mir abfallen. Die mir vertrauten, geliebten Gefilde machten einer Leere Platz. Es gab nichts an den Bildern auszusetzen, die ich malte, es gab nichts an mir auszusetzen. Ich veränderte mich einfach. Nachdem ich mehrere Monate lang Bilder gemalt hatte, über die ich keine Befriedigung empfand, war mir klar, dass ich durchs Feuer musste, um eine neue Ebene zu erreichen. Ich verbrachte den Tag mit meiner Mentorin Alice und malte mich durch das Dilemma hindurch. Als die Worte ‚Würde' und ‚Stirb lebendig' auf einem sehr dunklen, intensiven Gemälde erschienen, war der Bann der Beklemmung endlich gebrochen, und an die Stelle meiner Angst traten eine Palette tieferer, vollerer Farben und eine Lebendigkeit, die mich erzittern ließ. Ein Gefühl der Heiterkeit sagte mir, dass der benötigte Umschwung stattgefunden hatte.

Obwohl ich mich intensiv mit dem Thema Tod auseinander gesetzt habe, erschreckt es mich immer noch, besonders wenn ich mir ein Leben ohne die Menschen denke, die zu meinen Stützen geworden sind. Ich habe erlebt, wie Menschen starben, die ich liebte, und war auch selbst schon dem Tod nahe. Jedes Mal entdeckte ich eine neue Facette meiner selbst, und ich habe gelernt, dass „auch das vorübergeht". Das heißt natürlich nicht, dass ich nicht jedes Mal unsäglich litte oder dass ich mein Herz mit Gemeinplätzen abgehärtet hätte.

In den Übergangsphasen des Lebens lassen sich die Leute oft einen Bart wachsen oder sie rasieren sich, verändern ihre Frisur oder nehmen einen neuen Namen an. Damit signalisieren sie bewusst oder unbewusst, dass sie eine Veränderung durchmachen. Andere zerbrechen, verbrennen, vergraben oder zerschneiden etwas, um das Ende einer Beziehung oder eine andere große Veränderung sinnbildlich darzustellen. Manche nehmen an einem Retreat teil, fasten, bauen einen Schrein oder heben mit anderen Aktivitäten einen wichtigen Übergang hervor. Bisher noch weniger verbreitet, doch zunehmend populär ist das bewusste Schaffen von Ritualen, die das Loslassen vom Alten und das Annehmen des Neuen erleichtern und in der Gruppe durchgeführt werden.

Die bekannte Autorin Suzanne Arms, die *Bestfeeding: Getting Breastfeeding Right for You* und viele andere Bücher über Geburt und Geburtshilfe geschrieben hat, plante einen Besuch aus Durango, Colorado, um ihren Freundinnen ein Video über ihr aktuelles Projekt zeigen.

Spontan bot ich ihr mein Haus an und machte schließlich in letzter Minute und in großer Eile noch den Hausputz. Ein paar Minuten, bevor meine Gäste erscheinen sollten, durchwühlte ich meine Besteckschublade nach einem Dosenöffner, als mir ein kleines verrostetes Küchenmesser zwischen die Finger kam. Ich wollte nicht, dass meine Gäste dieses schäbige Messer zu Gesicht bekamen, wollte es aber auch nicht in den Mülleimer werfen, wo sich jemand daran verletzen könnte. Deshalb schob ich es unter den Besteckkasten und schloss die Schublade.

Es war ein nebeliger nordkalifornischer Abend, und die Atmosphäre war familiär und behaglich. Suzanne lud uns zu einem Ritual ein, das sie sich bei Angelis Ariens abgeschaut hatte, einem Anthropologen, der Kulturen auf der ganzen Welt studiert hat.

Zuerst bat uns Suzanne, einen Aspekt in unserem Leben zu wählen, den wir gerne loslassen wollten. Als wir uns um den rohen Holztisch in meiner Küche versammelt hatten, fragte sie, ob ich wohl ein Messer hätte, das ich opfern könnte. Sofort kam mir das kleine rostige Messer in den Sinn, das ich in meiner Küchenschublade versteckt hatte.

Während wir das Messer herumreichten, fragte Suzanne jede von uns: „Was bremst euch in eurem Leben? Was würdet ihr gern abschneiden, damit ihr mehr in euer echtes Selbst kommt?“

Jedes Mal, wenn eine Frau gesprochen hatte, antworteten wir mit einem „oh“, um ihr zu zeigen, dass wir sie gehört hatten, und um sie zu unterstützen. Als ich an der Reihe war, war meine Kehle wie zugeschnürt. Ich brachte kaum die Worte heraus. Mit wurde klar, wie tief ich meine Stimme begraben hatte. Ich hatte es zugelassen, dass ich in den Angelegenheiten der anderen erstickte, hatte meine eigene Arbeit vernachlässigt, mein eigenes Lied verleugnet. Ich hielt das kleine Messer fest in der Hand, schloss die Augen und atmete tief durch. Während ich laut vor der Gruppe meine Entschlossenheit bekräftigte, mir meine Macht zurückzuholen und meine eigene Arbeit zu tun, durchfloss Wärme meinen Körper, und meine Stimme wurde laut und fest und stark.

Der Raum schien mit unserer Kraft zu vibrieren, nachdem wir alle gesprochen hatten. Doch unser Ritual war noch nicht beendet, denn wir mussten uns noch auf symbolische Weise von dem verabschieden, was uns gebremst hatte. In einer Prozession gingen wir in die neblige Nacht hinaus und begruben gemeinsam das rostige kleine Messer neben einem Stein im Garten.

Anne Stine, die seit über zwanzig Jahren als Psychotherapeutin tätig ist, ist die Gründerin und Leiterin von Wilderness Rites. Sie leitet Gruppen, die der natürlichen Entfaltung interkultureller Initiationsriten und der Wildnissuche in Verbindung mit den Erdzyklen verpflichtet sind. Annes Arbeit ist wirklich inspirierend. Sie gab mir freundlicherweise ein paar Ideen für alle weiter, die im Augenblick nicht auf eine Suche gehen können oder wollen, aber gern lernen möchten, wie wir durch Veränderungen bewusst wachsen können.

„Die Wildnissuche lädt dazu ein, eine bestimmte Veränderung, in der wir gerade stecken, voll und ganz zu durchleben und auf der anderen Seite wieder herauszukommen“, erklärt Anne. „Diese Reise nenne ich auch ‚Sterbepraxis‘. Ich verknüpfe das Konzept von Veränderung und Transformation mit unserer natürlichen Verbindung mit der Erde und deren Zyklen und mache daraus die Erfahrung der Sterbepraxis. Dieser alte Initiationsritus ritualisiert die Übergänge im Leben auf sinnvolle Weise und in Abgeschiedenheit auf der Erde. Tief im Herzen hören wir den Ruf, das tägliche Leben zur verlassen und zur Erde zurückkehren, um uns zu erneuern und uns Führung und Klarheit zu holen, da sich unser Selbst in der natürlichen Umgebung widerspiegelt. Jede Sucherin kommt mit ihrer eigenen Macht ausgestattet zurück, und dies wird ihr Geschenk für die Rückkehr in ihr Leben und in ihre Gemeinde.

Es gibt bei der Wildnissuche keine äußere Autorität. Autorität und Weisheit kommen aus dem Inneren des Menschen. Als Zeremonie begangen ist sie eine Chance, Veränderungen bewusst und absichtsvoll zu erleben und sich im Loslassen zu üben. Die Menschen fürchten sich davor, ihre Familien und das ihnen vertraute Territorium zu verlassen. Auf die Wildnissuche nehmen sie nichts von ihrem ‚Gepäck' mit sich, sondern nur das, was sie selbst eingebracht haben - das, was ich Selbstliebe nenne. Auch der Tod hat mit dem zu tun, was die Menschen zurücklassen müssen. Auf der Wildnissuche erfahren wir, wie wir sein werden, wenn der Augenblick des Todes kommt.

Es gibt ein Absterben des Alten, das sich im Wandel vollziehen muss, und eine Einladung an das Neue.

Wir alle haben in unserem Leben so etwas wie eine Herausforderung. Die Zeremonie der Sterbepraxis ist eng mit der Idee verknüpft, dass es immer eine Feuerprobe zu bestehen gibt. Zeremonie und Ritual helfen dabei, dieser Feuerprobe einen Sinn zu verleihen, und leisten uns Beistand, wenn wir sie durchmachen."

Kontakt-Information über Wildnis Riten finden Sie im Anhang des Buches.

Manchmal können wir eine große Veränderung im Leben nutzen und dann den Übergang in einen völlig neuen Lebensabschnitt mit Leichtigkeit vollziehen. Wenn Sie sich eine wirklich stabile Basis geschaffen haben, können Sie sogar mitten im Chaos das Vertrauen aufbringen, das Sie für den Sprung in die Zukunft nötig haben. Ohne stabile Basis werden Sie vielleicht nur mitgeschleppt oder hinken ewig hinterher, während Sie sich noch verzweifelt an das klammern, was einmal war, und sich gegen das Neue sträuben. Die Qualität einer Veränderung hat sehr viel mit

Ihrer Einstellung zu tun: Wird es Ihnen gelingen, die Waffen zu strecken und sich von der Illusion zu trennen, dass wir den Prozess kontrollieren können? Sind Sie imstande, offen zu bleiben und Ihren Geist zur Ruhe und zum Zuhören zu bringen? Der Weg der größten Verletzlichkeit ist zugleich der Weg des größten Wachstums, und doch kann Ihnen die Angst auch dann noch die besten Absichten verdunkeln, wenn Sie sich der Herausforderung der Veränderung bereits gestellt haben. Beim Abschiednehmen vom Alten und Vertrauten sind sehr viel Übung und Vertrauen erforderlich. Denken Sie immer daran, dass die Veränderung in jedem Fall stattfindet, ob Sie es wollen oder nicht. Veränderungen sind eine Tatsache.

Meine Freundin Judy ist mir nicht nur eine Quelle der Inspiration, sondern auch meine Ratgeberin, was den Tod betrifft. Sie hat mich gelehrt, mit Verlust zurechtzukommen und gleichzeitig mein Herz für das offen zu halten, was die Zukunft bringen mag.

Als ich eines Tages Judy dabei half, mit Scherben von handbemalten Kacheln und Keramik einen Fußweg in ihren Obstgarten zu bahnen, erzählte sie mir eine sehr schöne Geschichte über den Obstgarten, ihren geliebten Mann Joe und über Veränderung als Bestandteil des Heilungsprozesses.

Vor zwölf Jahren waren Judy und Joe auf eine kleine Apfelfarm in einem halbländlichen Gebiet im Norden von San Francisco gezogen. Joe liebte vor allem den Obstgarten, in dem er ein Sinnbild für seinen Wunsch sah, als Bauer zu arbeiten. Er liebte alle Apfelsorten, und er liebte es, wie sie wuchsen und wie gut sie schmeckten. Wenn man Joe zuhörte, gewann man den Eindruck, als wäre er für eine riesige Apfelplantage zuständig.

Zwischen dem Schwimmbecken und dem Apfelgarten gab es eine mannshohe Lorbeerhecke, die im Lauf der Jahre dick und undurchdringlich geworden war. Gäste wollten oft wissen, was diese eigentlich Hecke sollte, die doch nur den Blick auf die Apfelbäume und die Hügel dahinter verstellte. Manche rieten sogar dazu, die Hecke zu entfernen. Doch Joe wollte sie unbedingt stehen lassen, weil sie den hässlichen Drahtzaun um den Gemüsegarten verdeckte und weil sie eben immer schon da gewesen war.

Nach langem Bitten und Betteln gab Joe endlich nach. Judy sollte ein Loch in die Hecke schneiden, das den Blick in den Obstgarten freigab. Doch bevor sie dazu kam, starb Joe in einem tragischen Verkehrsunfall.

Judys Sohn schnitt schließlich eine Öffnung in die Hecke, und später beschloss Judy, dort eine Laube anzulegen. Sie bestellte ein hohes handgearbeitetes Gestell aus Schmiedeeisen, an dem sich Äpfel, Laub und Apfelblüten rankten, und widmete diese schöne Laube Joe. Vom Haus, vom Schwimmbecken und von der Laube aus sind jetzt der schäbige Zaun um den Gemüsegarten und die Kletterrose zu sehen, die Joe gepflanzt hatte. Im Garten, in dem Joe so gerne gearbeitet hatte, wachsen Sonnenblumen, und die Tomaten reifen. Im Obstgarten dahinter, wo Joes Asche verstreut wurde, biegen sich die schwerbehangenen Äste der Apfelbäume. Dieser Blick wurde für Joes Familie und Freunde, besonders aber für seine Frau, zu einem Weg der Erinnerung.

Veränderungen können Macht verleihen und inspirierend sein. Sie können Brücken schlagen zu den Orten, die man sich nicht unbedingt aussuchen würde. Je mehr Sie versuchen, sich vor Veränderung zu schützen und zu verstecken, je mehr Sie sich bemühen, Veränderung abzuwehren, desto seichter wird Ihr Leben, desto mehr schrumpft es zu einer Reihe endloser Wiederholungen zusammen.

Aber um zulassen zu können, dass das Alte abgelegt oder zerstört und das Neue geboren wird, brauchen Sie Mut. Es ist ein bisschen wie der Augenblick, in dem der Trapezkünstler die Stange loslässt und nach der nächsten greift. Wie der Trapezkünstler müssen Sie darauf vertrauen, dass die nächste Stange da ist. Sonst werden Sie Ihre Hand nicht ausstrecken und sich dem

Nervenkitzel aussetzen können, mit dem der Eintritt in die nächste Phase verbunden ist.

Veränderungen, wie der Verlust des Arbeitsplatzes, können zögerlich und unsicher machen und einen davon abhalten, neue Möglichkeiten zu erforschen. Nehmen wir einmal an, dass Ihnen nach jahrelanger Beschäftigung in einer Firma gekündigt wird. Nehmen Sie einen tiefen Atemzug, wenn der erste Schock vorüber ist, und versuchen Sie, diese Entwicklung als Gelegenheit zu sehen, die sich Ihnen bietet.

Lassen Sie unbedingt die anderen wissen, was mit Ihnen los ist, damit sie Ihnen beistehen können. Vielleicht fühlen Sie sich in Ihrer neuen Situation höchst unbehaglich und trauen sich noch nicht zu, die unbekannten Gewässer zu befahren, aber wenn Sie sich umsehen, werden Sie Hilfe finden.

Sie können sich mit Leuten in Berufen unterhalten, für die Sie sich schon immer interessiert haben. Falls Ihre Finanzen es erlauben, könnten Sie in eine andere Stadt fahren, wo die Aussichten besser sind, oder Urlaub machen, um wieder einen klaren Blick und eine neue Perspektive zu bekommen.

Wenn Veränderungen besonders unangenehm und schwierig sind, neigen wir zu Selbstverleugnung und setzen ein glückliches Gesicht auf, oder wir suhlen uns in Selbstmitleid. Lassen Sie es lieber bleiben und versuchen Sie, ein größeres Netz auszuwerfen. Öffnen Sie sich neuen Ideen, der Unterstützung durch Ihre Freunde und unerwarteten Einsichten, die es Ihnen ermöglichen, die üblichen Beschränkungen des Hier und Jetzt zu überwinden und an die Zukunft zu denken, was immer sie bringen mag.

Wenn Sie sich auf ganz bestimmte Ergebnisse eingeschossen haben, die aber nie eintreten, wird es Ihnen fast unmöglich sein, an Ihre Stärke und Ihre Fähigkeit zu glauben, eine Veränderung durchzustehen. Sie engen den Rahmen Ihrer Möglichkeiten damit ein und suchen nur das, was Sie bereits kennen und was Ihnen gerade in den Kram passt. Bitten Sie um Hilfe. Gestatten Sie

Ihren Freunden, für Sie da zu sein, wenn sie wirklich gebraucht werden. Wenn eine entscheidende Veränderung stattfindet, ist Rückzug die schlimmste Reaktion.

Machen sie winzige Schritte. Versuchen Sie nicht, zu viel auf einmal zu unternehmen. Wenn sie einen winzigen Schritt auf das zugehen, was die Zukunft für Sie bereithält, und jeden Ihrer Schritte aufrichtig anerkennen, wird der Übergang zu einer Herausforderung, die Ihnen Kraft verleiht. Starke Verbindungen mit Freunden schaffen ein Sicherheitsnetz, das Ihnen zur Verfügung steht, wenn Sie in einer großen Veränderung stecken. Und denken Sie daran: Um Freundschaft zu erwerben, müssen Sie Freundschaft geben. Beim Weben Ihres Sicherheitsnetzes ist es sehr wichtig, dass Sie sich um Ihre engsten Freunde kümmern. Sollten Sie kein funktionierendes Unterstützungssystem haben, dann beginnen Sie noch heute damit, eins aufzubauen. Dieses Netz wird Ihnen Halt geben, wenn sie Ihrem eigenen Tod ins Gesicht sehen oder wenn Sie beim Tod Ihres Partners, Vaters oder ihrer Mutter, Ihres Kind oder eines engen Freundes tröstende Arme brauchen.

Werkzeuge für die Transformation

Sie können sich eine ganze Reihe von Hilfsmitteln schaffen, die Ihnen die großen Übergänge erleichtern. Dazu gehören Schreine, sakrale Orte, Krafthäuser, das Anfertigen von Masken, das Führen eines Tagebuchs, Kunst, Musik, Tanz, Rebirthing und Feste für das Zelebrieren der Selbstliebe.

Schreine, sakrale Orte

Ich vermute, dass Sie bereits einen sakralen Ort in Ihrem Leben haben, ihn aber vielleicht nicht so nennen. Vielleicht ist es Ihr Kaminsims mit gerahmten Familienfotos und Kerzen, die Sie zu besonderen Gelegenheiten anzünden. Vielleicht ist es Ihr Auto, das Sie putzen und polieren und mit kleinen Sprüchen dekorieren, die Sie ans Armaturenbrett oder an die Stoßstange kleben. Vielleicht ist Ihr sakraler Ort in der Küche auf dem Fensterbrett, auf Ihrem Computer, auf einer Kommode. Sie können ihn überall einrichten.

Ihr persönlicher sakraler Ort kann Ihnen in einer Übergangsphase Beistand leisten und Ihnen dabei helfen, sich den mächtigen Bundesgenossen Ihres Unbewussten zu erschließen. Er kann Ihnen helfen, sich wieder mit dem Mysterium des Universums und mit Ihrer vergessenen Weisheit zu verbinden. Er kann das Unsichtbare sichtbar machen. Ihr sakraler Ort erlaubt Ihnen, auf eine tiefere Ebene hinabzusteigen, wo Sie sich mit Ihrer Kraft verbinden können. Dieser Ort dient Ihnen für Ihr persönliches Ritual und kann Sie mit dem ruhenden Punkt verbinden, an dem Sie etwas erschaffen können, was für Sie von großer Bedeutung ist. Die Erschaffung eines bedeutungsvollen Lebens folgt den gleichen Prinzipien wie die Vorbereitung eines Todes, der Kraft verleiht.

Ein sakraler Ort ist nicht notwendigerweise statisch, sondern kann auch ein Prozess sein, ein sich ständig verändernder Ausdruck, der die Leidenschaft lebendig hält. Mit Worten und Objekten, die Sie auf Ihrem Altar platzieren, machen Sie etwas in Ihrem Herzen sichtbar, was Ihnen wichtig ist und was sich auf keine andere Weise ausdrücken lässt. Ihr sakraler Ort kann ausschließlich für Sie bestimmt sein, eignet sich aber auch als Kommunikationskanal zwischen Ihnen und den Menschen, die in Ihr Leben kommen. Die Pflege eines sakralen Ortes kann in sehr schöner Form eine spirituelle Praxis in Ihr Leben bringen und Sie mit denen verbinden, die Sie lieben, ja sogar mit einer größeren Gemeinschaft.

Sie können alles in einen sakralen Ort verwandeln. Vielleicht schreiben Sie auf ein Stück Seide, was Sie erreichen möchten oder was Sie zurücklassen, und deponieren es an Ihrem sakralen Ort, vielleicht legen Sie einen kleinen Spiegel dazu. Sie können eine einfache Hausform aus Holz sägen und Türen an Scharnieren einsetzen; dann haben Sie einen Schrein, der sich öffnen und schließen lässt. An zwei Haken können Sie ein Stück Leinwand zum Beschriften oder Bemalen befestigen und weitere Schichten darüber hängen. Wenn Sie durch eine Veränderung gegangen sind, hängen Sie das nächste Stück Leinwand darüber, oder Sie entfernen das alte und heften es in Ihr Tagebuch. Sie können es natürlich auch an einen Ehrenplatz oder einen besonderen Ort legen, an dem Sie sich wohl fühlen und Ruhe haben.

Selbst Pappschachteln oder handgefertigte und mit Samt ausgelegte Kisten lassen sich zum Schrein umfunktionieren. Unabhängig davon, ob Ihr sakraler Ort kunstvoll gearbeitet oder ganz schlicht ist, wird er immer der Ort sein, an dem Sie die wichtigsten Übergänge in Ihrem Leben durchspielen, ritualisieren und würdigen. Diesen rituellen Raum können Sie ganz für sich reservieren. Sie können aber auch andere dazu einladen, Zeugen Ihrer Veränderungen zu sein, während Sie sich befreien, um es mit Ihrem nächsten Wachstumsstadium aufzunehmen.

Nach dem tödlichen Verkehrsunfall ihres langjährigen Ehemanns Joe schuf Judy sich einen Altar, der ihr dabei half, mit dem Verlust zurecht zu kommen. In ihrer Küche, einem sonnendurchfluteten Raum voller Blumen und Schätze, die sie sich auf ihren vielen Reisen angesammelt hatten, zeigte sie mir den kleinen hölzernen Altar. Sie hatte ihn zu Ehren Joes in Orange-, Grün- und Gelbtönen bemalt und ihn auf beiden Seiten mit gemalten Rosen und Herzen verziert. Auf der Rückseite war das Bildnis unserer Lieben Frau von Guadalupe. Im Innern des Altars befanden sich die Figur eines weinenden Engels und mehrere herzförmige Steine, die Judy im selben Jahr an einem Strand in Mexiko gefunden hatte. In der Sonne geblichene Muscheln und kleine Glasstücke aus dem Meer waren zwischen Votivkerzen hingestreut, die Judy nachts entzündete. Außerdem gab es ein Foto von einem improvisierten, mit Muscheln und Steinen bedeckten Grabhügel. Judy hatte ihn während eines Spaziergangs an ihrem Lieblingsstrand aufgeschüttet.

Es gab in diesem Raum viel Freude und viel Trauer. In einem Moment lächelten Judys Augen, im nächsten füllten sie sich mit Tränen. Das erschien mir ganz natürlich und half mir, über Joe zu sprechen und mich Judy ganz zuzuwenden. Es war nicht nötig, um die Tatsache herum zu reden, dass ihr Mann nicht mehr da war. Judy gestand sich zu, nicht nur ihr Wachstum, sondern auch ihre Verletzlichkeit zu zeigen, während sie in den nächsten Lebensabschnitt hinüber wechselte. Der Altar half Freunden und Familienmitgliedern, offen mit Judy zu sprechen. „Es ist wichtig“, sagte mir Judy, „dass ich die Dinge offen auf den Tisch legen kann, dass ich mit anderen Menschen über meine Gefühle sprechen kann. Und dass ich mich erinnere.“

Rituale für das Herbeiführen von Veränderungen

Ich möchte Ihnen von dem Ritual am 47. Geburtstag meiner Freundin Paula erzählen. Das Jahr war ein Angelpunkt im Leben Paulas, einer hingebungsvollen Mutter dreier Teenager, von denen zwei schon bald ins College gehen sollten.

Zwölf der engsten Freundinnen bereiteten eine Überraschungsparty zu Ehren Paulas vor. Bevor sie eintraf, hatten wir 47 Kerzenhalter aus Ton hergestellt und spiralförmig im Zimmer und auf einem großen Tisch in der Mitte des Raumes verteilt. Die Spirale ist ein bedeutendes Symbol, denn wir alle reisen immer auf dem gleichen Weg, jedoch auf unterschiedlichen Ebenen. Dieses Ritual sollte die Phase auf Paulas Weg würdigen, in der sie sich gerade befand.

Die Kerzen hatten wir in Zehnergruppen angeordnet. Als Paula die ersten zehn anzündete, erzählte sie von ihrer Geburt, ihren ersten Familienerinnerungen und ihren Ahnen. Die nächsten zehn Kerzen repräsentierten die Zeit, in der sie von einem Mädchen zu einer jungen Frau heranwuchs. Während sie weitere

Kerzen anzündete, erzählte Paula von den wilden und verrückten Zeiten vor ihrer Ehe, von der Zeit, als sie sich in ihren Mann verliebte, und von den Freuden und Herausforderungen der Mutterschaft. Wenn sie über eine Zeit sprach, in der die eine oder andere von uns eine Rolle spielte, brachte diese auch ihre Geschichten mit ein.

Da wir das Ritual nachts abhielten, war es schon zu Beginn der Zeremonie dunkel im Raum. Als alle Kerzen schließlich angezündet waren, sagten wir Paula, dass sie sehr viel Licht in den Raum und in unser Leben gebracht hatte. Es war ein dynamisches Ritual. Wir fühlten uns durch das vollständigere Bild, das wir von unserer Freundin bekommen hatten, herrlich beschenkt und dachten mit Dankbarkeit daran, wie wichtig es war, uns gegenseitig zu unterstützen und mit einander verbunden zu bleiben. Es war wunderbar, eine Freundin zu ehren, die noch am Leben ist, und zusammen feiern zu können.

Krafthäuser

Eine Form des sakralen Ortes, die meiner Ansicht nach besonders geeignet ist, positive Veränderungen im Leben zu unterstützen, ist das Krafthaus. Es soll dabei helfen, wichtige Lebensziele hervorzubringen und zu visualisieren, indem es einen privaten Raum schafft, in dem Sie sich auf Ihre Träume konzentrieren können.

Setzen Sie sich zunächst still hin und horchen Sie auf Ihre innere Stimme; sie sagt Ihnen wahrhaftig, was für Sie wichtig ist. Die Stimme der Weisheit kommt aus dem Instinkt und der Erkenntnis und verbirgt sich oft hinter den Anforderungen des täglichen Lebens. Sie müssen es schaffen, Ihren geschwätzigen Geist lange genug zum Schweigen zu bringen, dass er auf die Stimme aufmerksam werden kann. Ich höre die Stimme meiner Weisheit, wenn ich allein im Auto bin, wenn ich in stiller Meditation sitze, wenn ich vor dem Kamin die Katze auf meinen Knien wiege oder auch beim Geschirrspülen. Machen Sie sich dann einen symbolischen Gegenstand, der Ihr persönliches Ziel darstellt und es gleichzeitig greifbar macht. Vielleicht nehmen Sie auch inspirierende Worte mit in Ihr Krafthaus hinein, die zum Ausdruck bringen, dass Sie die Veränderung wollen.

Es gab eine Zeit in meinem Leben, in der ich nicht auf mich achtete. Ich hatte schlimme Nackenprobleme und weniger Energie als sonst. Wenn ich gefragt wurde, wie es mir ging, sprach ich über meine Tochter, meine Enkel, das Geschäft meines Mannes, mein Engagement für die Umwelt, aber nicht über mich selbst. Schließlich wurde ich es müde, meine eigenen Bedürfnisse zu vernachlässigen, und machte mir ein persönliches Krafthaus. Ich stellte die Alabasterbüste einer anmutigen Frau mit langem schlanken Hals hinein. Auch mein blauer gläserner Schwan und eine starke, aus Stein gemeißelte afrikanische Frauenfigur kamen dazu. Ich legte alles zusammen mit einem kleinen Strauß roter und rosafarbener Rosen auf einen Seidenschal und schrieb mit fettem Marker die folgenden Worte von Rachel Carlsons darauf: „Dieser besondere Augenblick in der Zeit, der der meine ist“. Ich stellte frische Blumen dazu und zündete jeden Tag die Kerzen in meinem Krafthaus an. Binnen zwei Wochen war mein Leben wieder im Gleichgewicht.

Es gibt keine festen, verbindlichen Regeln für das Einrichten eines Krafthauses, außer dass es mit Absicht getan werden muss. Sie können jede Menge von Gegenständen hineinstellen - alles, was sich richtig anfühlt und Ihnen hilft, sich zu fokussieren. Das ist vor allem eine Sache des Gefühls und nicht das Ergebnis langer Überlegungen.

Wenn ich mir ein Krafthaus schaffe, tue ich es mit Zuversicht. Es ist für mich ein wichtiges Hilfsmittel, mit dem ich mich von einer Realität in die nächste bewegen kann. Wenn Sie Ihre Ziele und Visionen ernst genug nehmen, um ein Krafthaus zu machen, werden Sie sehr wahrscheinlich auch die Menschen in Ihrer Umgebung in den Zauber mit einbeziehen, den das Hervorbringen einer sinnvollen Veränderung umgibt. Ihr soziales Netz wird dazu beitragen, dass sich Ihre Ziele in einer Form verwirklichen, die Sie zu diesem Zeitpunkt noch gar nicht kennen können. Nach meiner Nahtoderfahrung im Zusammenhang mit einer Lyme-Borreliose schuf ich mir ein Krafthaus an meinem Bett und brachte darin die Worte und symbolischen Bilder unter, die mich durch diese schwere Zeit begleiteten. Obwohl ich teilweise gelähmt war und nicht sprechen konnte, gelang es mir, die Worte an die Wand zu schreiben: „Wenn ich überlebe, werde ich nur meinen Träumen nachgehen." Ich listete meine Träume nach ihrer Wichtigkeit auf. Am meisten träumte ich davon, in Frankreich zu malen, wo mich das Licht gesund machen würde. Dieser Traum half mir dabei, den engen Blickwinkel meines Schlafzimmers und meiner Krankheit gegen ein völlig neues Leben einzuhandeln. Ich male und lehre jetzt in einem Haus, das ich in Frankreich gekauft habe, und treffe mich mit Studenten und Freunden, die mein Leben in einer Art und Weise bereichern, die ich im Traum nicht für möglich gehalten hätte.

Zollen Sie sich Anerkennung

Das wichtigste Hilfsmittel im Werkzeugkasten Ihres Lebens ist Selbstvertrauen oder Selbstliebe. Sie können Ihre Selbstliebe aufbauen, indem Sie sich einer Herausforderung stellen und dann Ihre Leistung anerkennen, und zwar möglichst in der Öffentlichkeit. Schauen Sie ab und zu Ihre Fotos durch, denn diese erzählen Ihnen, wie Sie Ihr Leben gestalten.

Wenn Sie Freunde und Freundinnen haben, die sich mit den gleichen Praktiken und Zelebrationen beschäftigen wie Sie, wird es Spaß machen, bei besonderen Gelegenheiten die Fotos gemeinsam anzuschauen. Laden Sie zu einer Allerheiligenfeier ein, wo Sie und Ihre Freunde sich gegenseitig Anerkennung schenken und unterstützen können. Machen Sie daraus eine alljährlich stattfindende Zelebration der persönlichen Veränderungen aller Beteiligten.

Sie können eine Veränderung auch würdigen, indem Sie einen Stuhl schmücken und ihn für außerordentliche Gelegenheiten reservieren, z.B. für einen Examensabschluss, die Geburt eines Buches, einen Berufswechsel, den Sieg in einem Wettbewerb oder das Loslassen einer negativen Beziehung. Lassen Sie Ihrer Fantasie freien Lauf, wenn Sie diesen besonderen Stuhl herrichten. Vielleicht wird es ein üppig mit Samt und Strass ausgestatteter Thron, vielleicht bemalen Sie aber auch einen Holzstuhl in Ihren Lieblingsfarben, oder Sie beziehen einen Diwan oder einen Selbstliebe-Sitz. Alles ist akzeptabel. Wenn sie großzügig sind, überlassen Sie Ihren Liebessitz bei besonderen Gelegenheiten auch einmal anderen. Wie wäre es mit einer Party, auf der Sie sich als Eintagskönigin oder Eintagskönig feiern und alles von Ihrem besonderen Sitz aus genießen?

Meine liebe Freundin Delia Moon lud zu einem Fest ein, auf dem sie feiern wollte, dass sich alle ihre Träume erfüllten. Sie war 56, ihre Kinder waren erwachsen und erfolgreich, und sie war Großmutter geworden. Vor kurzem hatte sie ihren Universitätsabschluss in Psychologie gemacht, und die zwei Gemeinschaften, mit denen sie seit dreißig Jahren assoziiert war, hatten sich gut entwickelt. Das Leben war sehr, sehr gut.

Sich selbst zu Ehren lud Delia die wichtigsten Menschen in ihrem Leben zu einem Abendessen ein, das sie von einem Partyservice ausrichten ließ. Zweihundert Menschen waren versammelt. Da sich ihre Familie und ihre Freunde selten in Schale warfen, schrieb sie auf die Einladungen: „Kleidet Euch so formell, wie Ihr Euch traut.“ Die Bandbreite der formellen Aufmachung war erstaunlich. Ein Gast erschien um und um mit Pailletten behängt, ein anderer mit Zylinder. Delia hatte eine Flötistin und eine Cembalospielerin für das Candlelight Dinner engagiert, und während ihr Tribut um Tribut gezollt wurde, flossen die Tränen.

Ein Jazzpianist sorgte für mitreißende Rhythmen, damit an diesem unvergesslichen Tag in Delias Leben die Nacht durchgetanzt werden konnte. Es war wahrhaftig eine Zelebration des lebendig Sterbens, denn das Leben in vollen Zügen genießen heißt nichts anderes als lebendig zu sterben. Wenn wir lernen, selbst hinter den heimtückischsten Veränderungen im Leben die Chance für eine mächtige Lernerfahrung zu erkennen, dann sind wir auf dem Übungsfeld des lebendig Sterbens angekommen.

Carole war eine wilde allein erziehende Mutter. Als sie ihre langjährige, nicht monogame Beziehung beendete, wurde ihr klar, dass sie ihr Lebensmuster ändern musste, um sich auf eine tiefere, bedeutungsvollere Liebe zu sich selbst und zu ihrem Sohn einlassen und einen neuen Lebenspartner finden zu können. So beschloss sie, für sich selbst eine Hochzeit auszurichten.

„Die Hochzeit mit mir selbst war eins der mächtigsten Rituale des kleinen Todes, die ich je durchgeführt habe. Ich wollte die wilde Frau hinter mir lassen und monogam werden. Ich wollte einen zuverlässigen Vater für meinen Sohn, wollte Wurzeln schlagen und mich stabilisieren. Ich wollte fähig sein, wirklich tiefe Liebe zu erfahren anstatt einer Menge oberflächlicher Liebeleien. Ich wollte die Experimentierphase hinter mir lassen und eine tiefe Beziehung mit einem Lebenspartner eingehen.

Ich machte eine Teezeremonie und las meinen engsten Freunden meine neuen Gelübde vor, damit sie mich unterstützen und mir dabei helfen konnten, den neuen Kurs einzuhalten. Vor der Zeremonie hatte ich im Garten mehrere Löcher gegraben, da alle Gäste eine Blume pflanzen sollten, die das neue Leben repräsentierte. In jedes Loch legte ich einen Spruch für das Loslassen und symbolisierte damit das Sterben meiner alten Gewohnheiten und Lebensmuster, die mir nicht mehr zuträglich waren. Mit dem Pflanzen der Blumen nach der Zeremonie symbolisierten die Gäste das Begräbnis des Alten und gleichzeitig die Hochzeit des Neuen. Danach befestigten wir an einem Baum neben meiner

Haustür Wünsche für das neue Leben. Ich ließ eine Karte mit der Liste meiner Gelübde drucken, auf der ich meine Entschlossenheit zum Ausdruck brachte, meinen ewigen Gatten zu finden und zu heiraten. Jedes Mal wenn ich jemanden traf, der für mich in Frage kam, gab ich ihm diese Karte. Viele Männer empfanden das als übergriffig und aufdringlich, aber ich verschwendete meine Zeit nicht mit ihnen. Der Großteil meiner kreativen Energie ging in diese Suche. Es dauerte sechs Monate, bis ich meinen Partner gefunden hatte, und wir sind seitdem zusammen."

Daphne ersann zur Feier ihres siebzigsten Geburtstages ein sehr persönliches Ritual für ihre Freundinnen. Sie erinnert sich: „Ich singe in einem kleinen Chor, und eine Teilnehmerin schrieb zu diesem Anlass ein besonderes Lied für mich. Es klang wie lauter Engelsstimmen und bestimmte an diesem Abend die Atmosphäre. Meine Freundinnen drückten ihre Glückwünsche für mich in meinem Alter aus und erzählten von Erfahrungen, die wir im Lauf der Jahre gemeinsam gemacht hatten. Meine älteste Freundin aus der Highschool hatte ein Erinnerungsbuch mit Fotos aus verschiedenen Phasen meines Lebens zusammengestellt. Ich werde es immer wertschätzen.

Es waren insgesamt 45 Frauen zusammengekommen, die ich aus ganz unterschiedlichen Abschnitten meines Lebens kannte. Ich schaute mir diese unschätzbaren Frauen an, die so viele Übergänge in meinem Leben repräsentierten, und mein Herz floss über.

Bei unserer Zeremonie falteten wir alle eine Origami-Taube aus weißem Reispapier und schrieben darauf, welche Veränderung wir anstrebten. Wir befestigten die Tauben an Stiften und machten ein Mobile. Wir freuten uns wie die Schneeköniginnen, als wir sangen: ‚Flieg fort, flieg fort, kleiner Vogel.'

Bei dieser Feier wurde mir eins klar: Solange ich noch lebe und Freude geben und empfangen kann, möchte ich meine Zeit den Menschen widmen, die ich liebe. Es ist so schön, die Menschen zusammen zu bringen, an denen mir am meisten liegt. Ich plane bereits meine nächste Party, denn ich möchte nur noch feiern, bevor ich sterbe."

Kathy

Kathy Barr, Schriftstellerin und Illustratorin aus San Francisco, hatte lange Zeit das Gefühl, dass ihre kreativen Impulse verkümmerten. Als sie eines Nachts im Bett lag, stellte sie sich vor, sie würde mit einem Gewehr auf ihre Lieblingsbücher schießen. Es war ihr, als würden dadurch die Buchzeilen auseinander gerissen, und die nun freigegebenen Worte könnten zu ihr zurückkehren. Kathy stellte sich vor den Büchern ein Stück Glas vor, das beim Auftreffen der Kugel die Oberfläche des Buches zerschmetterte und das Herz der Schrift durchdrang. Monatelang trug sie dieses Bild mit sich herum.

Eines Tages beschloss sie, ihre Fantasie auszuleben. Sie fuhr zu Freunden auf dem Land, wo sie sich körperlich, aber auch als Persönlichkeit und Künstlerin in Sicherheit fühlte. Sie nahm die Bücher mit, die ihr am meisten bedeuteten: *Tod in Venedig* und *Der Zauberberg* von Thomas Mann, *Liebende Frauen* von D.H. Lawrence und ein paar Bücher von Samuel Beckett. Als sie bei ihren Freunden angekommen war, stellte sie eins ihrer Bücher in einiger Entfernung vom Haus auf einem Hügel auf, platzierte ein Stück in Draht gefasstes Glas davor und feuerte mit einem Gewehr immer und immer wieder auf dieses Ziel. Der laute Knall hallte durch das ganze Tal. Ihre Freunde schauten ihr dabei zu und unterstützten sie. Kathys Ritual war empirisch und visuell, es hatte eine buchstäbliche und gleichzeitig eine symbolische Bedeutung. Nachdem sie alle Bücher abgeschossen hatte, empfand sie eine große Befriedigung.

Als sie später im Hot tub saß und sich an das Erlebnis erinnerte, purzelte eine lang erwartete Gedichtzeile aus ihr heraus. Etwas hatte sich definitiv für sie verändert. Sie konnte wieder schreiben.

Susan

Als Susan herausfand, dass sie Brustkrebs hatte, hatte sich der Krebs bereits in ihren Lymphgefäßen ausgebreitet und war ins ‚zweite Stadium' eingetreten. Man sagte ihr, dass eine Mastektomie notwendig war.

Es war erschreckend, so plötzlich dem Tod ins Auge zu blicken und zu entscheiden, dass ein Teil ihres Körpers abgeschnitten werden sollte. Sie hatte das Gefühl, dass ihr nicht genug Zeit blieb, all das zu verarbeiten, was mit ihr geschah. Am liebsten hätte sie um sich geschlagen, laut geschrieen und die Bremse an diesem Zug gezogen, der offenbar außer Kontrolle geraten war. Susan war immer eine überzeugte Befürworterin alternativer Medizin gewesen und fand es nun sehr schwer, Chemotherapie und Mastektomie in Erwägung zu ziehen.

Mehrere Frauen aus ihrer Frauengruppe hatten Susan zu den Arztterminen begleitet, bei denen die Behandlungsoptionen besprochen wurden. Sie hatten ihr auch beigestanden, als sie ganz am Anfang von ihrem Knoten erfahren hatte. Die Frauen in der Gruppe pflegten außergewöhnlich enge Beziehungen miteinander und hatten bereits seit Jahren zusammen Rituale entwickelt. So war es nur natürlich, dass sie für Susan, die sie liebten und bewunderten, nun auch ein Ritual schufen.

Eine der Frauen schilderte das Ritual: „An einem warmen Septembernachmittag versammelten wir uns am Ufer eines kleinen privaten Sees unter Trauerweiden. Wir zogen die Blusen aus, um uns in unserem Frausein zu verbinden. Wir setzten uns zusammen auf eine schönen Decke, bildeten einen sakralen Kreis für Susan und rieben uns den Körper mit Salbeirauch ein. Das sollte uns dabei helfen, die alltägliche Welt hinter uns zu lassen und in den geheiligten Raum einzutreten. Wir legten Susan auf die Decke und bemalten ihren Körper liebevoll mit Theaterschminke und Wasserfarben.

Während sie einen Abdruck ihrer Brust aus Ton herstellte, sangen wir und erzählten Geschichten über die Amazonen, die nur eine Brust hatten, damit sie das Bogenschießen leichter handhaben konnten.

Obwohl Susan bereits gewusst hatte, dass nur eine Mastektomie ihr das Leben retten konnte, söhnte sie sich erst durch dieses Ritual mit der Tatsache aus, dass sie eine Brust opfern musste.

Eins der schönsten Bilder war, wie Susan mit ihrem langen wallenden Haar und ihrem bemalten Körper allein im Kanu in die Mitte des Sees paddelte. Sie wirkte stark, als sie so über das Wasser glitt. In der Mitte des Sees verharrte sie lange still und meditierte über ihr Vorhaben. Dann warf sie schöne frische Blumen auf die Wasseroberfläche, die ihr von einer Schönheit jenseits der gängigen Schönheitsvorstellungen erzählten. Als sie bereit war, ließ sie ihre ‚Brust' los. Diese glitt in das schöne grüne Wasser und versank.

Vor der Operation am nächsten Tag umringten die Freundinnen Susans Bett im Krankenhaus und gaben ihr ihre Liebe und Kraft mit."

Susan ist davon überzeugt, dass das Ritual ihre Einstellung zu der ganzen Erfahrung positiv beeinflusste und den emotionalen und physischen Heilungsprozess beschleunige. Schon wenige Stunden nach der Operation war sie wieder auf und nahm eine schöne Mahlzeit mit ihren Freundinnen ein. Das Ritual selbst war eine kraftvolle Medizin, die auf vielen Ebenen energetisch wirksam war.

Das Leben ist ein fortwährender Test, der Sie immer und immer wieder an Ihre Grenzen bringen kann. Sie können dann jedes Mal zusammenbrechen oder beschließen durchzubrechen. Sie können die Schwelle der nächsten Phase betreten und diese unbekannte Tür in Ihrem Leben öffnen oder aber weiterhin Kontrolle ausüben, regulieren und versuchen, der Welt Ihren vorgefassten Plan aufzuzwingen. Entschlossenes Handeln wird Ihr Lebenskonzept erweitern. Das Universum wird sich Ihnen öffnen und auf einmal mit Ihnen zusammenarbeiten. Sie brauchen Praxis und müssen Risiken eingehen, wenn Sie sich ein neues Muster für das lebendige Sterben schaffen wollen. Die Praxis besteht darin, dass Sie Ihr ureigenes Feuer fortwährend nähren. Denn aus diesem Feuer steigt der Phönix neuer Formen, neuer Lieben und eine beherztere Form des Daseins.

Kapitel 2:

Wie Ihre weltlichen Güter Ihr spirituelles Erbe festigen – Die Instandhaltung des Tempels

Die Instandhaltung des Tempels beinhaltet im Wesentlichen die Pflege der spirituellen und gleichzeitig der praktischen Dimension des Lebens. Es sind ganz einfache Dinge: Sie pflücken eine frische Blume und stellen sie in eine Vase auf den Schreibtisch, zünden eine Kerze auf dem Esstisch an, nehmen sich ein paar Augenblicke und würdigen die Segnungen, die Ihnen zugeflossen sind. Wenn Sie den Tempel Ihres Körpers, Ihrer Seele und Ihres Geistes pflegen, werden Sie bemerken, wie sich die Qualität Ihres Alltags allmählich erhöht. Wenn Sie Ihren Tempel in Ordnung gebracht haben, werden die kleinen Tode, die das Leben regelmäßig mit sich bringt, nicht mehr so niederschmetternd sein.

Vielleicht macht es Ihnen Spaß, das Haus im Frühjahr zu putzen oder das Büros aufzuräumen. Dann werden Sie auch verstehen, welche Genugtuung es bereiten kann, wenn Sie die Zukunft Ihrer praktischen und spirituellen Güter regeln. Vernünftige, verantwortungsvolle Entscheidungen werden sie von der Sorge befreien, Ihren Angehörigen nach dem Tod einen Wirrwarr ungelöster Rätsel zu hinterlassen. Der innere Friede ist ein Geschenk, das wir uns selbst machen können.

Es ist äußerst befreiend, wenn wir unser emotionales Gepäck endlich unter Dach und Fach gebracht haben. Nachdem ich es jahrelang immer wieder hinausgezögert hatte, brachte ich schließlich mein Haus in Ordnung. Nun habe ich als Großmutter beschlossen, mein Leben einfacher zu gestalten und Vorkehrungen für die Menschen zu treffen, die sich nach meinem Tod mit meinem Nachlass beschäftigen werden.

Ich weiß, wie schwer es sein kann, die eigenen Habseligkeiten in Ordnung zu bringen. Den meisten Leute gelingt es nicht einmal, ein einfaches Testament zu machen. Eigentlich liegt es ja nicht in unserer Absicht, ein Durcheinander zurücklassen, das die anderen später entwirren müssen, doch sind unsere Widerstände gegen das Thema Tod so stark, dass es uns offenbar nicht möglich ist, mit dem Papierkram fertig zu werden.

Wenn Sie Ihren Nachlass sortieren wollen, müssen Sie Ihre Gedanken und Gefühle über die Menschen und Dinge in Ihrem Leben sortieren. Zunächst werden Sie auf einer praktischen Ebene zur Kenntnis nehmen, dass Sie tatsächlich einmal sterben werden. Natürlich sterben wir alle, und doch fordert uns diese Erkenntnis einiges ab. Der Tod ist für die meisten Menschen das Ereignis, das ihnen die größte Angst einflößt. Aber wenn Sie die schwere Arbeit einmal hinter sich gebracht haben, dann werden Sie Ihr Leben danach intensiver leben können. Wie jedes Mal, wenn Sie eine psychische Zwickmühle auflösen, werden Sie viel mehr schöpferische Energie haben. Wenn Sie mit dem Prozess noch nicht begonnen haben, bitte ich Sie eindringlich, es jetzt zu tun. Menschen, die diese Arbeit immer auf die lange Bank geschoben haben, bereuen es, wenn das Ende des Lebens kommt und sie nicht mehr die Kraft haben, Pläne für ihren Nachlass ins Auge zu fassen und zum Abschluss zu bringen.

Ihre Erbmasse

Ihre Erbmasse umfasst viel mehr als nur das Finanzielle. Dazu gehört Ihr gesamtes Eigentum inklusive Autos, Grundstücke, Schmuck, Gemälde, Bücher, Aktien, Ihr Geschäft, Ihre Trophäen, alles. Selbst wenn sie weder Haus, Aktien noch Wertpapiere haben, haben Sie eine Erbmasse. Vom Millionär bis zum Bettler hat jeder eine Erbmasse.

Neben Geld und Immobilien, die Sie sich erworben haben, werden Sie auch ihre wichtigsten Besitztümer an diejenigen weitergeben wollen, die Ihnen am Herzen liegen. Die Besitztümer, die von Ihrer persönlichen Energie durchdrungen sind, werden besonders geschätzt werden. Unabhängig von Größe und Beschaffenheit haben Ihre Gaben für Ihre Lieben wahrscheinlich ungemein viel Wert und Bedeutung.

In den ‚guten alten Zeiten'

Als festgesetzte Traditionen den Menschen noch vorschrieben, wie sie über ihre weltlichen Güter zu verfügen hatten, war es einfacher, Besitztümer und Besitzungen aufzuteilen. Schon vor dem Industriezeitalter war es Tradition, Grundbesitz von einer Generation auf die nächste zu übertragen, vorzugsweise über die männliche Linie. In den meisten europäischen Kulturen hatte der erstgeborene Sohn das Vorzugserbrecht. Er folgte dem Vater als Familienoberhaupt und erhielt den Großteil vom gesamten Landbesitz, Viehbestand, Geld und Gut. In Osteuropa erbte er das Doppelte und bekam den Ehrenplatz zwischen seinen Brüdern. Selbst in den mehr egalitären Vereinigten Staaten fiel normalerweise dem ältesten Sohn der Hauptanteil der Familienbesitztümer zu. Er übernahm die Farm oder den Familienbetrieb, und man erwartete von ihm, dass er sich um seine Mutter und die unverheirateten Schwestern kümmerte.

Töchter erhielten oft das Familiensilber, Möbel und andere Erbstücke. Ein jüngerer Bruder konnte Werkzeuge erben, einen Wagen, ein paar Bücher. Normalerweise ging es mehr um Besitztümer und Grundbesitz, nur in den wohlhabendsten Familien auch um Geld.

Die Tradition des Erstgeburtsrechts war zwar nicht besonders fair, doch zumindest berechenbar. Söhne, die auf der Familienfarm oder im Familienbetrieb arbeiteten, hatten im Gegensatz zu den Töchtern auch bessere Aussichten auf eine Ausbildung. Da Frauen zu Ehefrauen und Müttern heranwachsen und von ihren Ehemännern versorgt werden sollten, war es sinnvoll, den Löwenanteil dem ältesten Sohn zu vermachen, der oft auch mehr Erfahrung und Verantwortungsbewusstsein als seine Geschwistern besaß.

Im Laufe des vergangenen Jahrhunderts verschwanden die meisten alten Erb- und Vermögenstraditionen. Eine vernünftige Planung ist zu einem schöpferischen Balanceakt zwischen emotionalen Erwägungen und rechtlichen Belangen geworden und muss sicherstellen, dass Ihre Absichten klar und rechtsgültig sind. Einen brauchbaren Nachlassplan zuwege zu bringen, kann Sie ganz schön herausfordern. Es kann Ihr Leben aber auch bereichern und bietet Ihnen Gelegenheit, Liebe, Heilung und manchmal auch Vergebung zu hinterlassen.

Es ist wichtig, dass Sie die Aufteilung Ihres Vermögens planen, solange der Tod noch nicht unmittelbar bevorsteht und Sie noch nicht zu erschöpft oder zu sehr in Anspruch genommen sind, um sich ganz dieser Aufgabe widmen zu können. Der Tod kann unerwartet kommen, und deshalb ist es wichtig, dass Sie den rechtlichen Anforderungen jetzt nachkommen. Nur dann ist gewährleistet, dass Ihre Wünsche auch erfüllt werden. Schlimmer als gar kein Testament ist nur eins, und das ist ein schlecht abgefasstes Testament.

Bewusstes Planen bedeutet mehr, als nur gute Absichten hegen. „Zu glauben, dass Sie Geld geben, und tatsächlich Geld zu geben, sind zwei Paar Stiefel“, warnt der geprüfte Buchhalter Reuben Weinzveg. „Holen Sie sich unbedingt professionelle Hilfe. Stellen Sie sicher, dass sich Ihre guten Absichten nicht im Wirrwarr der Paragraphen verheddern.“

Rob Disharoon, der seit beinahe zwei Jahrzehnten als Anwalt im Bereich der Vermögensplanung tätig ist, kann dem nur zustimmen: „Setzen Sie sich damit auseinander. Viele Leute sagen: ‚Ich habe nichts zu vererben. Die Kennedys und Rockefellers haben etwas zu vererben.‘ Das Wort ‚Erbe‘ schreckt die Menschen ab. Ihre Erbmasse ist einfach das, was Sie haben.“ Selbst wenn Sie nur ein paar Fotoalben besitzen, einen Ring aus Ihrer Jugendzeit und einen Sessel zum Ausruhen, ist es wichtig, dass Sie Ihre Wünsche bekunden. Wenn Sie keinen Plan haben, wie Sie Ihr Geld und Ihre Schätze verteilen wollen, wird ein anderer darüber entscheiden. Vielleicht ist es ein vergessener Verwandter, der weder Ihre engsten Freunde kennt noch weiß, welchen Organisationen Sie am liebsten gespendet haben. Vielleicht ist es sogar ein Verwandter, den Sie nicht einmal mögen, der Ihren Verlobten oder Lebensgefährten übergeht oder eine Entscheidung trifft, die für Ihre Kinder schreckliche Folgen hat. Wenn Sie keine Verwandten haben, wird der Staat an Ihrer Stelle entscheiden. Liegt kein Testament vor, dann bestimmt das Gericht beispielsweise auch, wer für Ihre Kinder sorgen wird, wenn Sie nicht mehr da sind.

Schreiben Sie ein Testament

Obwohl so viel schief geht, wenn es kein Testament gibt, sind zunächst große Widerstände zu überwinden, bis man sich endlich hinsetzt und eins aufsetzt. Auf unserer Prioritätenliste steht das Verfassen eines Testaments ganz weit unten. Zögern Sie es trotzdem nicht länger hinaus. Wer wichtige Angelegenheiten auf die lange Bank zu schiebt, macht sich nur unnötigen Stress und hat dann womöglich grauenhafte Konsequenzen zu ziehen.

Meine Freundin Bronwyn äußerte sich einmal besorgt darüber, dass sie sich immer wieder davon abhalten ließ, ein Testaments zu schreiben. „In diesem Jahr haben wir uns endlich vorgenommen, ein Testament zu machen und andere rechtliche Angelegenheiten zu erledigen. Es jagt mir große Angst ein, wenn ich über die möglichen rechtlichen Folgen für unsere kleinen Kinder nachdenke, falls uns etwas passieren sollte. Ich möchte das wirklich hinter mich bringen, aber ich zögere es immer wieder hinaus. Mein Mann kümmert sich eigentlich auch nicht um solche Angelegenheiten, und ich muss uns beiden immer wieder einen Stups geben. Ich habe am eigenen Leibe erfahren, dass sich die Kinder um die Angelegenheiten kümmern müssen, wenn die Eltern es selbst nicht getan haben. Ich musste es für meine Eltern tun, und es war schrecklich. Sie hinterließen keine Anweisungen, und niemand wusste, was wir zu tun hatten und wo alles war. Es war uns gegenüber ganz und gar unfair. Mein Vater hatte kein Testament gemacht und war bankrott. Er hinterließ eine Menge alter Schulden, um die wir uns kümmern mussten. Es war, als hätten wir ein Giftmülllager auszumisten.

Ein Testament sollte eigenhändig geschrieben und unterschrieben sein. Es muss eine Zeit- und Ortsangabe enthalten. Es darf nicht mit der Schreibmaschine oder dem Computer geschrieben sein, sondern muss mit der Hand geschrieben und unterschrieben sein.

Im BGB (Bürgerlichen Gesetzbuch) sind alle Varianten zur Aufsetzung eines Testamentes zu finden.

Bestimmen Sie einen Nachlassverwalter

Ein Nachlassverwalter trägt vor dem Gesetz die Verantwortung dafür, dass den Wünschen entsprochen wird, die Sie in Ihrem Testament dargelegt haben. Der Nachlassverwalter sollte eine Person sein, der Sie vertrauen und die möglichst in der Nähe wohnt. Manchmal dauert es Jahre, bis eine Vermögenssache geregelt ist, und vieles Umherreisen könnte eine Belastung sein. Ihr Nachlassverwalter sollte Sie und Ihre Familie kennen und kann sogar ein Familienmitglied sein. Folgen sie bei der Wahl des Nachlassverwalters in erster Linie Ihrem Herzen. Beschlagenheit in Rechtsangelegenheiten ist für einen Nachlassverwalter nicht unbedingt erforderlich, da Sie zu diesem Zweck Anwälte und Notare hinzuziehen können. Jemand, der Sie und Ihre Familie kennt und gern hat, ist hier von unschätzbarem Wert. Gesundheit ist ebenfalls ein Kriterium bei der Wahl. Es empfiehlt sich, eine Alternative oder einen Nachfolger an der Hand zu haben, falls die Person Ihrer ersten Wahl die Aufgabe aus irgendeinem Grund nicht wahrnehmen kann. Wenn Sie mehr als ein Kind haben, können Sie alle Kinder gemeinsam zum Nachlassverwalter bestimmen, damit keinem die damit verbundene Arbeit allein aufgebürdet wird und damit keines das Gefühl bekommt, dass Sie ihm aus Mangel an Vertrauen nicht genug Verantwortung übertrugen. Manchmal kann eine solche Entscheidung die Kinder einander näher bringen, manchmal kann sie aber auch lästig sein und Uneinigkeit stiften. Es ist eine heikle Angelegenheit, die viel Überlegung und - so wäre zu hoffen - auch eine Aussprache mit jedem einzelnen der Kinder verdient.

Fragen Sie die Person, die für die Aufgabe in Frage kommt, rechtzeitig und stellen Sie sicher, dass sie sich im klaren ist, was alles damit verbunden ist. Besprechen Sie Ihre Wünsche mit ihr immer wieder von Neuem, damit sie immer auf dem Laufenden ist.

„Familienmitglieder und gute Freunde, die Sie gern als Nachlassverwalter hätten, sind nicht unbedingt Nachlassplaner, Juristen oder Notare“, bemerkt Bruce Dzieza, Vermögensberater aus Sebastopol, Kalifornien. „Oft machen die Leute ihren Vermögensberater zum Nachlassverwalter, der aber dann nicht mehr in beratender Funktion tätig sein darf. Manchmal beauftragen sie auch eine Bank, und das ist eine sehr unpersönliche Wahl. Falls Ihr langjähriger Ansprechpartner die Bank verlässt, kümmert sich keine Person Ihres Vertrauens um Ihre Angelegenheiten, sondern eine Institution. Gut beraten sind Sie mit jemandem, der Ihrem Herzen entspricht. Sachverständiger Rat lässt sich bei Bedarf einholen.

„Sprechen Sie immer ganz offen mit der Person, für die Sie sich entschieden haben, und teilen Sie ihr mit, wofür Sie Ihr Geld ausgeben möchten - Ausbildung, ein erstes Haus, Betriebsgründung, Reisen etc.

Eltern und ihre Kinder - Kinder und ihre Eltern

Praktisch jeder hat seinen Kindern irgend etwas von Wert zu hinterlassen. Auch wenn ein Gegenstand für Sie selbst nicht wichtig ist oder keinen nennenswerten Geldwert darstellt, kann er für Ihre Kinder von großer Bedeutung sein. Je klarer Sie Ihre Wünsche niedergeschrieben haben, desto kleiner ist das Risiko, dass etwas schief geht. Setzen Sie sich unbedingt hin, besprechen Sie Ihre Pläne mit Ihren Kindern, falls diese alt genug sind, und hören Sie, was sie dazu zu sagen haben. Kümmern Sie sich darum, dass alle Vereinbarungen oder Versprechungen aufgeschrieben und in Ihrem Testament enthalten sind.

„Viele Eltern sprechen nur ungern mit ihren Kindern über ihre Pläne, falls sie überhaupt welche haben", bemerkt der Vermögensberater Rob Disharoon. „Sie möchten sie damit nicht belästigen. Eltern wollen nicht, dass die Kinder denken, sie wären krank oder dächten an Selbstmord. Frühzeitiges Sprechen über die Pläne kann aber dazu beitragen, die Wünsche der Eltern zu klären, und ihnen manchmal auch Gründe für ihr Handeln liefern. Oft wollen Kinder es sich nicht eingestehen, dass ihre Eltern einmal sterben werden, und wehren sich gegen ein Gespräch oder weigern sich regelrecht, das Thema Tod anzuschneiden. Wenn sich Ihre Kinder auf kein Gespräch über die Tatsache einlassen wollen, dass Sie irgendwann sterben werden, dann schreiben Sie ihnen kurz und versichern ihnen, dass es Ihnen bestens geht, dass Sie aber um des eigenen lieben Friedens willen über Ihre Vermögensangelegenheiten sprechen möchten. Laden Sie sie zum Essen oder zu einem Spaziergang ein."

Bruce Dzieza weiß, dass sich Kinder auch komisch vorkommen, wenn sie Vermögensfragen aufs Tapet bringen. „Wenn Kinder in mein Büro kommen, müssen sie oft gestehen, dass sie nicht wissen, wo die Schlüssel zum Safe sind, und dass sie auch sonst nicht in die Angelegenheiten der Eltern eingeweiht sind. Ich sage ihnen, dass sie ihre siebzig-, achtzigjährigen Eltern ruhig fragen dürfen, wo die Sachen sind. Auf diese Weise kommt man gut ins Gespräch. Viele, denen ich das vorgeschlagen habe, kamen zurück und sagten mir, dass es eine wunderbare Erfahrung war.

Unser Leben ist meist sehr komplex. Um es den Erben etwas zu erleichtern, können Sie eine Liste der Gegenstände anfertigen, die ansonsten schwer zu finden wären - unter anderem der Schlüssel zu Ihrem Safe. Aber auch die Information, in welcher Bank der Safe ist, darf nicht fehlen. Meist bewahren die Leute ihr Testament und andere wichtige Dokumente in einem Safe auf und vergessen, dass Banken am Wochenende geschlossen sind und ihr Anwalt nicht immer zur Verfügung steht. Unabhängig davon, wo Sie die Liste schließlich deponieren, sollten mehrere Leute den Aufbewahrungsort kennen. Sie können viele Details hinzufügen. Wenn wichtige Informationen in Ihrem Computer gespeichert sind, sollte Ihr Nachlassverwalter das Passwort kennen. Auch Ihr Versicherungsmakler, Ihr spiritueller Ratgeber und die Person, die im Notfall Ihre Haustiere versorgt, gehören auf die Liste, des weiteren alle wichtigen Einzelheiten Ihres Lebens. Seien Sie vorbereitet. Es wird eine lange Liste werden.

Richtlinien für ein Vermächtnis

Hier einige Richtlinien für die Vermögensplanung, wenn Sie an die Kinder denken:

* Holen Sie sich professionellen Rat. Versuchen Sie keinesfalls, Ihre eigene Treuhandgesellschaft zu sein oder Ihr eigenes Testament ohne professionelle Anleitung oder Durchsicht zu verfassen. Die Gesetzeslage ändert sich fortwährend, und schon das geringste Versehen bei der Formulierung kann zu unerwünschten Ergebnissen führen. Bringen Sie Ihr Testament auf den neuesten Stand, sobald sich Ihre familiären Mittel und

Bedürfnisse ändern. Am besten überprüfen sie Ihr Testament jedes Jahr, wenn Sie Ihre Steuererklärung machen.

* Bringen Sie Klarheit in Ihre Wünsche. Erklären Sie Ihre Wünsche und die Gründe dafür, besonders wenn Sie Ihre Kinder oder Enkel ungleich bedenken. Wie Sie Ihre Reichtümer aufteilen, liegt in Ihrer Entscheidungsfreiheit. Für die Hinterbliebenen kann es jedoch eine Qual sein, wenn sie Ihr Handeln nicht verstehen, weil Sie es nicht -mündlich oder schriftlich - erklärt haben. Tun Sie es am besten sowohl mündlich als auch schriftlich. Es ist wichtig, die Gründe aufschreiben, weil das Gedächtnis unvollkommen ist. Legen Sie Ihre Gründe dar, damit Ihre Erben Ihr Handeln verstehen können und sich nicht ein Leben lang mit ungelösten Fragen herumplagen müssen.

Als meine Freundin Lonny im Alter von 82 Jahren starb, vermachte sie ihrem Sohn und ihrer Tochter den Großteil ihres Eigentums. Ihr Sohn war zwar immer aufmerksam und liebevoll gewesen, lebte aber fast 5000 Kilometer von seinen Eltern entfernt, seit er erwachsen war. Lonnys Tocher dagegen wohnte eine halbe Stunde von ihren Eltern entfernt, rief täglich bei den Eltern an, half, wo immer es nötig war und spielte eine aktive Rolle im Leben der Eltern. Bei der Aufteilung von Lonnys Besitztümern wurde alles gleichmäßig zwischen Bruder und Schwester verteilt, bis auf ein Bankkonto mit 25.000 Dollar, das auf den Namen des Sohnes angelegt worden war. Für die Tochter gab es kein solches Konto.

Hatte Lonny angenommen, dass die Tochter von ihrem Ehemann versorgt würde und deshalb der Sohn das zusätzliche Geld erhalten sollte? Oder handelte es sich etwa um ein Versehen? Hatte sie vor, für ihre Tochter auch ein Konto anzulegen und war nur nie dazu gekommen? Es ist traurig, dass Lonnys Tochter sich nun mit dieser Frage abquälen muss. Sie wird die Wahrheit nie herausfinden, und die Frage nagt weiter an ihr. Sie sprach sogar mit ihrem verwitweten Vater, aber er konnte ihr nur sagen:

„Deine Mutter ist immer fair gewesen, alles wurde gerecht verteilt. Ich verstehe es auch nicht." Für die Tochter sind die Erinnerung an ihre Mutter und das Verhältnis zum Bruder nun für immer mit einem Makel behaftet.

Von Nachlassverwaltern ist zu hören, dass solche Situationen nur allzu üblich sind. Dabei wären unbeantwortete Fragen, verletzte Gefühle und bleibende Zweifel leicht zu vermeiden. Hätte Lonny die Diskrepanz in ihrem Testament erklärt oder schon vorher ihrer Tochter davon erzählt, wäre die Angelegenheit jetzt nicht so verzwickt. Eltern haben alles Recht der Welt, über ihre Besitztümer so zu verfügen, wie sie es für richtig und angemessen halten; es ist jedoch unfair und verletzend, keine Erklärung zu liefern, wenn die Verteilung nicht gleichmäßig ist.

Der Leiter eines Beerdigungsinstituts erzählte mir von einem exzentrischen Millionär, der Jahre vor seinem Tod ein Video aufnahm, in dem er seinen Kindern erklärte, warum er sein ganzes Geld einer Wohltätigkeitsorganisation vermachte und nicht ihnen. Die Kinder, die mit dem Erbe gerechnet hatten, waren schockiert und verärgert, als der Notar das Gerät abschaltete, aber zumindest verstanden sie, warum ihr Vater diese Entscheidung getroffen hatte. Der Mann, der sich selbst zum Millionär hochgearbeitet hatte, liebte seine Kinder und war fest davon überzeugt, dass unverdienter Reichtum mehr Probleme schaffen als lösen kann. Obwohl er niemals ein Hehl aus seinen Gefühlen gemacht hatte, waren sich seine Kinder nie wirklich im Klaren darüber gewesen, wie ernst es ihm mit seiner Überzeugung gewesen war. Wie die meisten von uns hatten sie immer nur das gehört, was sie hören wollten. Natürlich waren sie nicht glücklich darüber, dass sie nun leer ausgingen, aber sie hatten wenigstens verstanden und blieben nicht auf ihrem Gram und ihrer Enttäuschung sitzen.

Wenn das Haus der Familie den größten Wert darstellt und die Kinder ökonomisch unterschiedlich berücksichtigt werden, bedarf das einer besonderen Erklärung. Lassen Sie nicht zu, dass die Angelegenheit durch Ihre oder die nostalgischen Gefühle ihrer Kinder getrübt wird. Es ist schwierig, im Voraus zu wissen, dass beispielsweise eins Ihrer Kinder in dem Haus leben möchte und ein anderes das Geld braucht und unbedingt verkaufen will. Tun Sie alles Menschenmögliche, um die Dinge klar und so unkompliziert wie möglich zu halten. Lassen Sie nicht zu, dass Ihre Kinder ein großes Durcheinander zu entwirren haben, wenn Sie nicht mehr da sind.

* Darlehen: Auch Darlehen, die Eltern ihren Kindern gewährt haben, können sich zu einer heiklen Angelegenheit entwickeln. Wenn nur eins der Geschwister Darlehen erhalten hat, sollten Sie dies in Ihrem Testament vermerken und es im Erbe ausgleichen.

Ich kannte einen Bruder und eine Schwester, denen die Eltern gleiche Geldbeträge vermachten. Der Bruder hatte jedoch im Lauf der Jahre mehrere Tausende Dollar von seinen Eltern geliehen und niemals etwas zurückgezahlt. Obwohl die Schwester finanziell besser gestellt war, fühlte sie sich betrogen, da das Erbe erheblich geringer ausfiel, als dies der Fall gewesen wäre, wenn dem elterlichen Vermögen im Laufe der Zeit nicht so große Beträge abgeführt worden wären.

Die Schwester brauchte das Geld zwar nicht, wollte aber haben, was ihr rechtmäßig zustand. Dabei spielte im Grunde die Anerkennung durch ihre Eltern die wichtigere Rolle. „Es geht nicht ums Geld, sondern ums Prinzip“, meinte sie. Ihr Bruder, der finanziell viel weniger abgesichert war als seine Schwester, weigerte sich, seine Schulden zurückzuzahlen, und fühlte sich dabei durchaus im Recht. Sein Argument lautete: „Meine Schwester hat alles, was sie will, und kann sich alles leisten. Sie musste noch keinen einzigen Tag in ihrem Leben arbeiten. Sie hat sich gut verheiratet und lebt wie eine Prinzessin. Sie hat das Geld gar nicht nötig. Ich hatte nicht so viel Glück, ich brauche das Geld.

Wie gierig kann sie eigentlich noch sein?“ Der Bruder verstand nicht, dass seine Schwester ihre emotionalen Bedürfnisse (die ebenfalls berücksichtigt werden müssen) durch die Metapher des Geldes ausgedrückte.

* Vormundschaft: Wenn unsere Kinder jung und verletzlich sind, müssen wir sie beschützen und für sie sorgen. Eine der größten Herausforderungen kann sein, einen gesetzlichen Vormund für sie zu bestimmen, für den Fall, dass beide Eltern sterben sollten. Nicht immer sind die nächsten Verwandten die beste Wahl. Hier sind Faktoren wie Alter und Lebensführung des Vormunds zu berücksichtigen, aber auch sein/ihr Verhältnis zu den Kindern und seine/ihre Bereitschaft, die Elternrolle zu übernehmen. Unerlässlich ist ein offenes Gespräch, in dem geklärt werden muss, dass er/sie im Fall einer Tragödie bereit wäre, für die Kinder zu sorgen. Überprüfen Sie Ihre Wünsche regelmäßig mit dem vorgesehenen Vormund, da sich die Situation zwangsläufig verändern wird.

Als ich das Thema Vormundschaft beispielsweise mit Sara und Geoff besprach, die drei Kinder im Alter von neun, sieben und vier Jahren haben, wurde klar, dass das Testament, das sie gemacht hatten, geändert werden musste. Sara hat Diabetes und lebt mit der ständigen Sorge, dass sie sterben könnte, bevor ihre Kinder erwachsen sind, und dass ihr Mann nicht in der Lage ist, die Kinder allein aufzuziehen. Die Verwandten, die sie vor acht Jahren mit der Vormundschaft betraut hatten, haben inzwischen selbst fünf Kinder, von denen eins behindert ist. Vor acht Jahren, als Geoffs Bruder und seine Frau noch keine eigenen Kinder hatten, fühlten sich die beiden geehrt, die Aufgabe zu übernehmen, und willigten begeistert ein, doch inzwischen wären sie völlig überfordert, wenn sie drei weitere Kinder in ihre Familie aufnehmen müssten. Als Geoff und Sara das Thema wieder anschnitten, hatten sie sogar vollkommen vergessen, dass sie sich jemals dafür bereit erklärt hatten.

Manchmal ist es sinnvoll, mehr als einen Vormund bzw. mehr als ein Vormundpaar einzusetzen. Freunde von mir konnten sich nicht entscheiden, wen sie als Vormund benennen sollten, als sie nach der Geburt ihres zweiten Kindes ihr Testament vorbereiteten. Sie hatten einen großen weiten Familienkreis, konnten sich aber nicht darauf einigen, wer die Voraussetzungen für die Vormundschaft am besten erfüllte, zumal sich die Bedürfnisse der Kinder mit den Jahren ändern. Schließlich lösten sie die Frage kreativ, indem sie in ihrem Testament zwei verschiedene Vormundpaare benannten. Eins der Paare war ihrer Meinung nach besser für kleinere Kinder geeignet, und das andere wurde für den Fall bestimmt, dass die Eltern starben, wenn die Kinder bereits Jugendliche waren. Das zweite Paar war sehr bildungsorientiert, und das spielte für die Eltern eine große Rolle.

Persönliche Kommunikation

Ein spirituelles Vermächtnis beinhaltet mehr als nur die Erinnerung in den Köpfen der Leute an Sie, wenn Sie einmal gegangen sind. Es würdigt Ihre tiefsten Verbindungen, das, wofür Sie standen, woran Sie glaubten, was Sie zu erreichen suchten, Ihre Werte, die Lektionen in Ihrem Leben und Ihre Geschenke an die Menschheit.

* Machen Sie ein Video von einem Tag in Ihrem Leben oder nehmen sie Ihre Lieblingsfotos und lassen Sie in einem Fotoladen ein Video daraus machen. Es kann so einfach oder so aufwändig, so lang oder so kurz sein, wie Sie es haben möchten. Es sollte wichtige Ereignisse enthalten, z.B. Geburtstage und Hochzeitstage. Lassen Sie ein lebendiges Album für Ihre Lieben entstehen.

* Gehen Sie mit einer Freundin durch Ihre Wohnung. Lassen Sie sich dabei filmen, wie Sie Ihre ganz persönlichen Schätze vorzeigen und sagen, wem Sie was vermachen möchten. Die-

ses Video können Sie zusammen mit Ihrem Testament aufbewahren.

* Legen Sie ein eigenes Erinnerungsbuch an. Erinnern Sie sich noch an die Babyalben, die Sie als Kind hatten? Vielleicht haben Sie sogar eins für Ihre eigenen Kinder zusammengestellt. Es ist ein Lebensbuch - Ihr Lebensbuch. Malen Sie Bilder hinein, kleben Sie Fotos ein. Schreiben Sie Gespräche auf, die Ihnen lieb und teuer geworden sind. Berichten Sie über Ereignisse, die Ihnen viel bedeuten. Geben Sie Ihre Weisheit weiter. Nehmen Sie alles in dieses Buch auf, was Sie an Ihre Lieben weitergeben möchten. Wenn Sie mehrere Exemplare brauchen, dann machen Sie von den Seiten, die Ihnen am meisten am Herzen liegen, Farbfotokopien und lassen Sie sie im Kopierladen spiralbinden.

* Machen Sie ein ethisches Testament. Ein ethisches Testament ist ein Liebesbrief an Ihre Familie und ebenso einzigartig wie die Person, die es niederlegt. Ein ethisches Testament ist ein uraltes Vermächtnis, das inzwischen wieder in Mode gekommen ist. Es beinhaltet normalerweise spirituelle Werte, Lebenslektionen, Segenswünsche für künftige Generationen sowie Vergebung und die Bitte um Vergebung an andere.

* Nehmen Sie eine Audiokassette auf. Es ist ein emotional sehr machtvolles Geschenk, wenn man eine Stimme immer dann wiederhören kann, wenn man es sich wünscht. Nehmen Sie auch Musik auf, spielen oder singen Sie Ihre Lieblingslieder oder lesen Sie ein Gedicht, das Sie inspirierend finden.

* Schreiben Sie Briefe an jedes Ihrer Kinder, an Ihren Mann oder Ihre Frau bzw. an alle Menschen, die einen wichtigen Platz in Ihrem Herzen haben.

Kreatives Geben

* Schreiben Sie auf, welche Gegenstände Sie wem vermachen möchten. Vielleicht fragen Sie Ihre Kinder, Ihren Partner, Le-

bensgefährten, Ihre Freunde, welche Gegenstände ihnen etwas bedeuten. Dabei könnte es einige Überraschungen geben!

* Schlagen Sie Ihren Kindern in Ihrem Testament vor, dass sie Strohhalme ziehen oder würfeln können, wenn es zu Konflikten mit Ihrem persönlichen Eigentum kommt. Wenn das nicht funktioniert, können sie einen unparteiischen Schiedsrichter benennen, der dabei sein und schlichten sollte. Es ist wichtig, die Wünsche Ihrer Kinder zu kennen, und es ist ratsam, sie zusammen zu bringen, um die Sachen aufzuteilen, bevor Sie sterben.

Farley Wheelwright, ein Pfarrer der Unitarian Universalists, und seine Frau Virginia versammelten ihre Kinder einmal an Weihnachten, um die Verteilung ihrer Besitztümer zu regeln. „Alle vier Kinder waren versammelt. Wir versahen sie alle mit Notizblock und Bleistift und ließen sie unser Haus in Boston durchstöbern, in dem wir im Laufe unseres Lebens Antiquitäten und Schätze angehäuft haben. Jedes unserer Kinder sollte seine Wünsche aufschreiben. Wir hofften, dass sie sich nur ein paar Gegenstände aussuchen würden, denn unsere Kunstsammlung ließe sich zu Geld machen, das wir in unserem Alter gut gebrauchen könnten. Aber sie wollten alles! Sie wollten die Teppiche, das Porzellan, die Gemälde, sie wollten einfach alles. Als die Kinder ihre Listen miteinander verglichen, kam es unweigerlich zu Konflikten. Also besprachen wir alles miteinander und machten Kompromisse. Wir beschlossen auf der Stelle als Gruppe, wer was bekommen sollte, und Virginia und ich schreiben alles auf.

Jetzt fühlen wir uns gut, dass wir das alles losgeworden sind. Es wäre nur eine Belastung für uns. Wir meinen, dass alles jetzt viel geordneter ablaufen wird. Es wäre ein Albtraum, wenn wir stürben und die Kinder kämen nach Boston und müssten dann alles regeln."

* Geben Sie persönliche Wertgegenstände, die Sie nicht mehr haben wollen oder brauchen, noch bei Lebzeiten weg. Dann

können Sie zusehen, wie sich Ihre Kinder an den Früchten Ihrer Arbeit erfreuen. Wenn Sie sich wirklich darum sorgen, dass die Aufteilung Ihres Eigentums böses Blut unter den Geschwistern machen könnte, oder wenn Sie sich nicht besonders kreativ fühlen, dann käme vielleicht der Rat des folgenden Autoaufklebers in Frage: „Wir verprassen das Erbe unserer Kinder.“

* Wenn Sie eins Ihrer Kind zum Nachlassverwalter bestimmt haben, sollten Sie sich überlegen, ob Sie nicht alle Geschwister zu Nachlassverwaltern oder Treuhändern machen möchten, oder zumindest zwei, falls es mehrere Geschwister gibt. Beziehen Sie alle Ihre erwachsenen Kinder in den Prozess mit ein, sofern sie dazu fähig sind. Manchmal dauert es Jahre, bis die Nachlassangelegenheiten geregelt sind. Wenn dann nur eins der Kinder zum Nachlassverwalter ernannt ist, fühlen sich die anderen oft ausgeschlossen, und der Nachlassverwalter ist unverhältnismäßig mit dem Vermögen und den gerichtlichen Angelegenheiten belastet. Das kann zu Verdächtigungen und Groll führen und Stoff für Auseinandersetzungen sein.

Eddies Geschichte ist ein gutes Beispiel dafür, wie ein Elternteil Zwietracht säen kann, ohne es zu wollen. Ohne sich große Gedanken darüber zu machen, hatte er nur einen seiner Söhne zum Nachlassverwalter bestimmt. Da er sich für den Sohn entschieden hatte, der von Beruf Investment Banker war, glaubte er, damit sei jedem gedient. Ohne mit dem anderen Sohn, einem Bildhauer, darüber gesprochen zu haben, nahm Eddie an, dieser würde sich mit der Aufgabe nur überfordert fühlen. Die beiden Söhne waren nicht gut aufeinander zu sprechen und unzufrieden mit den Rollen, die sie in der Familie übernommen hatten, als sie aufwuchsen. Der Banker ärgerte sich darüber, dass der Bruder kreativ sein konnte und einem in seinen Augen ziemlich unverantwortlichen Lebensstil frönte. Der Bildhauer seinerseits nahm dem Bruder übel, dass dieser als erfolgreicher galt, weil er ein eher konventionelles Leben führte und Karriere gemacht hatte.

* Denken Sie sorgfältig darüber nach, was Sie hinterlassen möchten. Wenn die Beziehungen in Ihrer Familie gespannt sind, kann eine vernünftige Nachlassplanung die Möglichkeit bieten, alte Wunden zu heilen und die Familie einander vielleicht sogar wieder näher zu bringen.

Ich liebe die folgende Geschichte einer Witwe, deren Familie seit Generationen im Milchgeschäft war und die eine Milchfarm im Wert von mehreren Millionen Dollar geerbt hatte. Sie hatte drei Kinder, die seit Jahren nicht miteinander gesprochen hatten. In ihrem Testament nannte sie jedes einzeln als Nachlassverwalter unter dem Vorbehalt, dass jemand ihnen helfen sollte. Vor ihrem Tod versammelte sie die Kinder um sich und erklärte ihr Handeln und ihre Gründe dafür. Sie machte ihnen klar, dass sie sie mit dieser Regelung praktisch dazu zwingen würde, ihre Konflikte zu lösen und zusammen zu arbeiten, und dass sie hoffte, dass sie dieser Herausforderung gewachsen waren. Entweder würden sie sich vertragen und einen Konsensus herstellen, oder sie würden keinen Pfennig bekommen. Nachdem sie zwei Jahre lang mit dem Vermittler an der Regelung des Nachlasses gearbeitet hatten, wobei ihnen der Nachlass als Motivation diente, wurden sie wieder eine Familie. Im Tod hatte die Mutter sie vereint. Sie hinterließ ein Vermächtnis der Liebe von wahrhaft unschätzbarem Wert.

Nehmen Sie sich einen Tag oder Abend, um Ihre Schätze gebührend zu würdigen. Vielleicht laden Sie sich dazu eine gute Freundin ein. Stellen Sie ihr Telefon ab und schauen Sie sich die Besitztümer an, die Sie im Lauf der Jahre gesammelt haben. Denken Sie dabei daran, wem sie sie vermachen möchten. Für manche der Gegenstände haben Sie vielleicht gar keinen Blick mehr, andere verschönern Ihnen Ihr tägliches Leben. Fangen Sie jetzt an zu sortieren.

* Auf den ersten Haufen kommen alle Sachen, die Sie nicht mehr brauchen und ausmisten können. Bringen Sie sie zur

Heilsarmee, zur Caritas oder zu einer anderen Hilfsorganisation.

* Auf den zweiten Haufen kommt alles, was Sie jetzt weggeben können, solange Sie sich mit den Beschenkten noch mitfreuen können. Die Vase, auf die Ihre Schwester ein Auge geworfen hat, das Porzellan Ihrer Mutter, das Ihre Schwägerin schon immer gern gehabt hätte, der Oldtimer, der in Ihrer Garage steht und den Fred immer so begehrlich anschaut, die Erstausgabe eines besonderen Kinderbuchs, das Ihr Sohn mittlerweile seinem Sohn vorlesen könnte.

* Auf den dritten Haufen kommt alles, von dem Sie sich noch nicht trennen möchten. Nehmen Sie sich Zeit und freuen Sie sich an jedem einzelnen. Schreiben Sie dann auf, wem Sie womit eine Freude machen könnten und fügen Sie die Liste Ihrem Erinnerungsbuch bei oder legen Sie es zu Ihrem Testament. Am besten machen Sie Fotos von den Gegenständen und schreiben Sie Namen, Telefonnummern und Adressen der Empfänger auf die Rückseite der Fotos und legen Sie sie in Ihr Erinnerungsbuch.

Wir alle haben ein Vermächtnis, wenn wir sterben. Wie wir die Verteilung unserer spirituellen und materiellen Güter planen, trägt zur Bestimmung unseres Nachlasses bei, wenn wir sterben. Erbschaften sind so alt wie die menschliche Zivilisation. Das Weitergeben der Früchte unseres Lebenswerks, persönliche Gegenstände, mit denen wir gelebt und die wir geliebt haben, und andere Erbstücke sind nur ein Teil unseres Vermächtnisses. Die Art und Weise, wie wir die Aufteilung unserer materiellen Güter und unseres Geldes handhaben, sendet eine wichtige Abschiedsbotschaft an unsere Familie und Freunde aus, eine Botschaft, die unsere Werte, aber auch den Respekt und die Liebe enthält, die wir während unseres Lebens mit anderen geteilt haben. Und diese Botschaft wird zum großen Teil unser Vermächtnis ausmachen, wenn wir gehen.

Organ- Gewebe - und Körperspende

Im Jahr 2000 war ein leichter, teilweise dramatischer Rückgang bei der Organspende zu verzeichnen. Laut DSO Statistik konnten nur 3819 Organe übertragen werden, obwohl 14.000 Patienten auf ein Organ warten.

Für weitere Information wenden Sie sich unter anderem an das „Forum Organspende und Transplantation.“ Siehe Adressen im Anhang.

Für Forschung und Lehre kann ein ganzer Körper gespendet werden. Entsprechende Adressen finden Sie im Internet unter Körperspende. Ich möchte dazu ermutigen, wenn möglich, den Lebenden ein generöses Geschenk durch eine Organspende zu machen. Alle großen Religionen stimmen Organ- und Körperspenden zu für Transplantationen, Lehr- und Forschungszwecken.

Kapitel 3:

Die Kraft individueller Zeremonien für den Tod

Todesrituale sind universelle, althergebrachte Traditionen, die in einer guten Psychologie wurzeln. Ein bedeutungsvolles Todesritual kann Ihrer Menschlichkeit förderlich sein und Sie in traumatischen Zeiten mit neuer Energie aufladen. Wenn Sie anfangen, Ihre Kreativität zu würdigen und Ihre Lebensqualität zu verbessern, ist es besonders wichtig, achtsam für spirituelle Erfahrungen zu sein, die sich auf den Tod beziehen.

Der Zweck einer feierlichen Beisetzung oder einer Gedenkfeier ist es, das Leben eines Menschen zu ehren und den Lebenden Trost zu spenden. Deshalb sollte dies nicht dem Zufall oder Fremden überlassen werden. Standardisierte Rituale laugen einen emotional meist nur aus und verstellen den Zugang zu den tiefsten Gefühlen. Ein wahrhaft persönlich gestaltetes Todesritual kann dagegen den echten Trost spenden, der die Voraussetzung für den Heilungsprozess ist. Wenn Sie über ein Todesritual nachdenken und es auch planen, bevor Sie in eine kritische Situation kommen, dann werden Sie im Fall eines Todes besser vorbereitet sein.

Dr. Sukie Miller, Autorin von *After Death,* einer interkulturellen Studie von Ritualen und Glaubensanschauungen im Zusammenhang mit dem Dasein nach dem Tod, beschreibt das Ritual wie folgt: „Rituale sind die Pforte, die von einer Realität in eine andere führt. Ein Ritual ist ein Rahmen. Entweder gibt es andere Dimensionen der Realität, oder es gibt sie nicht. Sollte es sie geben, dann müssen Rituale die Brücke zwischen diesen beiden Dimensionen sein. Ein Ritual hat drei Teile. Der erste soll dem

Sterbenden ein Gefühl davon vermitteln, was nach dem Tod geschieht, und das ist eine sehr schöne Sache. Der zweite Teile soll den Hinterbliebenen eine Gemeinschaft verschaffen, damit sie in ihrem Kummer nicht allein sind. Der dritte Teil ist für den Toten.

Wir leben in einer materialistischen Kultur und müssen von anderen Kulturen lernen. Wir müssen überlegen, was möglich ist. Bei uns spielt das Ritual keine große Rolle. Wir leben mit dem Tod und halten uns für verrückt. Andere leben mit dem Tod und haben ein Ritual, das sie auffängt. Sie kommen ganz gut damit zurecht. Sie sagen: ‚Also, nach einundzwanzig Tagen, da macht man dieses, nach sieben Jahren, da macht man jenes.'

Rituale lassen sich aus zwei Blickwinkeln betrachten. Auf der einen Seite sind sie beruhigend und tröstlich und versetzen uns in die Lage, die Zukunft irgendwie in den Griff zu bekommen. Auf der anderen Seite geht es um die Bedeutung von Zeit. In anderen Ländern sind diese Todesrituale nicht für die Lebenden gedacht. Sie sind für die Toten da. Wir haben eine sehr narzisstische Einstellung zum Ritual. Wir glauben nämlich, dass es für uns da ist und dazu beitragen soll, dass wir uns besser fühlen. Aber wie steht es mit der Person, die gestorben ist?

Wir im Westen haben ein sehr begrenztes Zeitverständnis. Wenn wir unseren Kulturkreis verlassen, werden wir sehen, dass Zeit keinen Anfang, keine Mitte und kein Ende hat. Zeit schreitet ständig fort. Manche Systeme warten tausend Jahre, bis sie zurückkommen. Andere Systeme reisen in Raumschiffen in eine andere Welt. Und wieder andere Systeme gehen in eine Welt, wo alles ist, was wir hier haben.

Es ist mein Anliegen und meine Überzeugung, dass wir unbedingt wissen sollten, was wir über unser Dasein nach dem Tod glauben. Selbst wenn Sie glauben, dass nichts geschieht und dass Sie ein Molekül sein werden oder noch nicht einmal das, glauben Sie an etwas. Jeder hat einen Glauben. Er ist da. Er lauert, er brodelt. Wichtig ist, dass wir ihn kennen und einsetzen, ihm entsprechend planen und ihn fördern. Der Inhalt ist sekundär.

Mit meiner Arbeit will ich vor allem den persönlichen Dialog über das Dasein nach dem Tod in Gang setzen. Ich möchte uns eine Sprache geben. Wir haben keine Sprache für die Dinge nach dem Tod. Ich werde in die Arme von Jesus erhoben werden. Na gut, aber wie wird sich das anfühlen? Wird es zugig sein da oben? Wirst du Flügel haben? Wie wird er dich halten, wenn du Flügel hast? Wie wird sich Jesus anfühlen? Über solche Dinge müssen wir sprechen. Das ist nicht verboten. Wer weiß es schon? Niemand weiß es. Sprechen wir also.“

In der Zeremonie verbinden wir uns miteinander, und wenn wir uns miteinander verbinden, finden wir uns dabei selbst. Die Generation der Babyboomer gestaltet seit mehreren Jahrzehnten eigene Hochzeitzeremonien und Geburtsrituale. Jetzt ist es nur natürlich, dass wir sinnvolle Alternativen zu den traditionellen Zeremonien entwickeln, die den Tod begleiten.

Rituale können sowohl bei der Würdigung der Toten eine wichtige Rolle spielen, als auch den Überlebenden dabei helfen, den Schritt in die nächste Lebensphase zu tun. Sie unterstützen die Heilung der Psyche, indem sie dem Einzelnen und der Gemeinde einen Weg zeigen, mit Verlust und Trauer zurecht zu kommen. Eine wirksame Zeremonie macht spirituelle Gefühle sichtbar und ermöglicht es Freunden, sich gegenseitig in ihrer Trauer zu unterstützen.

Maille Arnold ist als Landschaftsberaterin, Lehrerin und engagierte Biogärtnerin sehr fein auf die Rhythmen der Natur eingestimmt. Eines Nachmittags erzählte sie mir in ihrem herrlichen Garten folgende Geschichte über das letzte gemeinsame Ritual mit ihrer Mutter:

„Die letzten zehn Jahre im Leben meiner Mutter waren schwierig“, erinnerte sich Maille. „Sie war immer sportlich gewesen und hatte viel Zeit im Freien verbracht, aber da ihr Herzrhythmus nicht in Ordnung war, war sie schließlich sehr erschöpft und schaffte es immer weniger, zu schwimmen, zu laufen, spazieren zu gehen und all das zu machen, was für sie einmal so wichtig gewesen war. Meine Mutter glaubte daran, dass ihr Geist in ihren Kindern und in ihren Erinnerungen fortlebte. Wir sollten sie einäschern lassen und ihre Asche verstreuen.

Ihr Lieblingsort war immer unser Grundstück gewesen, das an der Nordostküste unmittelbar am Strand gelegen war. Dorthin kehrte sie immer wieder zurück. Sie liebte es, dort zu schwimmen. Sie liebte die sehr klaren und windstillen Wintertage, an denen die Luft und der Ozean still sind und man bis zu den Bergen hinauf und weit aufs Meer hinaus sehen kann. Es war lebenslang ihre liebste Jahreszeit und ihr Zufluchtsort gewesen, und deshalb beschlossen wir, dass jedes Kind und mein Stiefvater ihre Asche dort verstreuen sollten.

Als sie starb, führte ich sie in Gedanken den Weg entlang, den ich mit ihrer Asche gehen wollte. Solange sie mich noch hören konnte, erzählte ich ihr von den Stellen, an denen ich ein bisschen von ihr verstreuen wollte. Ich erzählte ihr von den Erinnerungen, die ich mit diesen Stellen auf dem Grundstück und am Strand verband. Wir besuchten gemeinsam den Ort, wo wir immer Paddeltennis gespielt hatten, und erzählten uns die kleinen Geschichten aus meinem Leben, die wir gemeinsam erlebt hatten. Es war der zauberhafteste Spaziergang, den ich mit ihr machen konnte, solange sie noch am Leben war, und sie wusste, dass ich sie jedes Mal besuchen würde, wenn ich an diesen Orten war. Später machte ich natürlich den gleichen Spaziergang, und immer wenn ich dort bin, gehe ich den Weg wieder.

In Mutters letzten Wochen wuschen wir sie. Wir bürsteten ihr das Haar und legten es in Locken. Wir kremten ihr die Hände ein, die Füße, das Gesicht. Wir lackierten ihr die Finger- und die Fußnägel. Wir machten alles, was sie immer gern getan hatte. Von ihrem Krankenhausbett aus hatte sie die herrlichste Sicht auf das Iao-Tal, und bevor wir gingen, betteten wir jeden Abend ihren Kopf so, dass sie das Tal hinaufsehen konnte. Ihre beste Freundin hatte ihr eine Puppe mitgebracht, und wir zeigten sie ihr, weil sie nicht mehr selbst nach unten schauen konnte. Bevor wir abends gingen, legten wir ihr immer die Puppe in die Arme. Jennifer Stone sagt: „Geh leicht, und wenn du nicht leicht gehen kannst, dann geh so leicht, wie du kannst." Ich liebe diesen Satz. Und das haben wir auch getan. Wir gingen so leicht, wie wir konnten, und versuchten, unserer Mutter dabei zu helfen, so leicht zu gehen, wie sie konnte."

Zeremonien

Es ist merkwürdig, dass wir in unserer modernen Gesellschaft so viel Zeit und Geld darauf verwenden, Hochzeiten, Teenagerpartys und Geburtstagsfeiern, Kommunion und Konfirmation und andere wichtige Übergänge im Leben sehr persönlich zu gestalten. Doch wenn es zum Sterben kommt, scheinen wir in Verlegenheit zu geraten und überlassen sämtliche Arrangements einem Bestattungsinstitut.

Obwohl die Amerikaner keine Pioniere mehr sind, ist die amerikanische Gesellschaft immer noch in Bewegung. Wir ziehen häufig um, und manchmal schlagen wir an einem Wohnort niemals Wurzeln. Da unser spirituelles Zugehörigkeitsgefühl häufig nicht stark ausgeprägt ist, hat die Bestattungsindustrie die Rolle offiziell ernannter Trauerberater übernommen und kümmert sich um sämtliche Beerdigungsarrangements für uns und unsere Lieben. Diese Todesprofis kennen weder uns noch unsere Bindungen in unserer Gemeinde und sind zudem immer mehr Teil einer riesigen Kette von Begräbnissalons, mit allem, was dazu gehört.

Die meisten von uns haben schon einmal Erfahrungen mit unpassenden Begräbniszeremonien gemacht . Das sind unpersönliche, trübselige Angelegenheiten, die wenig mit dem zu tun haben, was den Verstorbenen in seiner Individualität ausgemacht hat. Todesrituale sind meist zu abgestandenen, unpersönlichen Darbietungen verkommen. Sie erfüllen ihren Zweck, sind aber künstlich und bar jeder Bedeutung. Anstatt getröstet zu sein, fühlen die Trauernden sich am Ende verloren, isoliert und übergangen.

Wenn sich in der Gemeinde ein Gewaltverbrechen oder eine sinnlose Tragödie abspielt, wissen die Menschen interessanterweise instinktiv, was zu tun ist. Alle reagieren dann natürlich und machen, was sie für richtig halten. Vielleicht versammeln sie sich am Ort des Geschehens oder an einem eigens dafür festgelegten Ort; alle trauern auf ihre Art. Sie bringen Blumen und Gedichte, Geschichten und Lieder, sie bauen einen Schrein und zollen dem Toten spontan Tribut. Niemand leitet das Ganze, es gibt keine „richtige“ Vorgehensweise. Das Ritual fließt von selbst aus den Herzen aller Beteiligten.

Auf einer persönlicheren Ebene stiftet der Tod bei uns jedoch Verwirrung und das Gefühl der Verlorenheit. Vielleicht spüren wir recht gut, was wir tun sollten, können es aber nicht mit dem in Einklang bringen, was uns die Tradition vorschreibt. Wie viel einfacher und beruhigender wäre es, wenn wir unserem Gefühl trauen könnten, wenn wir Trost in Traditionen fänden, die wirklich Bedeutung für uns haben, anstatt ausgerechnet in einer Zeit, in der wir emotional ausgelaugt sind, einen neuen Kontext schaffen zu müssen.

Meiner Meinung rührt unsere Verwirrung daher, dass die wenigsten von uns persönlich, von der Familie oder von der Gemeinde auf den Umgang mit dem Tod vorbereitet wurden. Wir begehen auch keine jährlichen Rituale zu Ehren der Toten. Wir glauben, dass die Todesprofis schon wissen werden, was zu tun ist, und wenden uns in unserer Hilflosigkeit an sie. Wenn es um den Tod geht, sind unsere Rituale und Zeremonien verwässert und kommerzialisiert. Es fehlt ihnen oft gerade der seelenvolle

Zusammenhang, dessen wir bedürfen, nach dem wir uns sehnen und den wir verdienen.

Der Tod ist uns aus den Häusern genommen und in die Leichenhallen gebracht worden. Die Todesindustrie hat sich zu einer schwerfälligen, sterilen Bürokratie entwickelt und kümmert sich vor allem um ihre eigenen Interessen. Dies ist das Ergebnis eines allmählichen Wandels in unserer Gesellschaft, im Zuge dessen wir uns vom wirklichen Leben und von der wirklichen Erfahrung des Todes entfernt haben.

Die einzigen, die sich im Umgang mit dem Tod noch völlig sicher fühlen, sind die Bestattungsinstitute. Die bloße Existenz der Bestattungsindustrie hat in unserer menschlichen Erfahrung eine Leere geschaffen, die sich auch auf die Gedenkfeiern und Rituale für Tote und Sterbende übertragen hat. Anstatt souverän von dem Service Gebrauch zu machen, den uns die Institute anbieten, sind wir zu eingeschüchterten, uninformierten Kunden geworden. Anstatt als informierte Partner mitzuwirken, überlassen wir den gesamten Ablauf automatisch diesen Instituten. Oft herrscht die Haltung vor, dass man das Ganze zunächst auf funktionaler Ebene hinter sich bringen und erst später Gefühle aufkommen lassen sollte.

Für *Harpers Magazine* (Juli 1999) schrieb George Michelsen Foy eine ergreifende Geschichte über die Feuerbestattung seines kleinen Sohnes Oliver. Foy schreibt: „Ich habe den Bestattungsunternehmern und anderen professionellen Beileid Bezeugenden schon immer instinktiv misstraut. Es kommt mir nur logisch vor, dass ihre Dienstbeflissenheit irgendwo scheinheilig sein muss, denn sie brauchen ja schließlich einen emotionalen Schutz vor der Auszehrung durch den chronischen Verlust. In meinen Augen ist es ein Fluch, dass der letzte Abschied von Menschen, an deren Geschichte uns etwas liegt, in die Hände von Leuten gelegt wurde, deren emotionale Verbindung zu den Toten erst künstlich zusammengezimmert werden muss.“

Anne Stine leitet seit elf Jahren Wildnissuchen. Sie kennt den Wert von Ritualen, wenn es darum geht, eine Veränderung im Leben hervorzuheben und in die nächste Lebensphase einzutreten. Anne macht ihre Sache hervorragend. Sie erklärt, dass ein Ritual dadurch Bedeutung erhält, dass es für die betreffende Person authentisch ist:

„Selbstverständlich kann man sich eigene Rituale schaffen. Solange ein Ritual Bedeutung hat, gibt es keinen Unterschied zwischen dem Innen und dem Außen. Die Autorität bist du selbst. Sie liegt weder bei den Kirchen noch bei einem spirituellen Führer oder beim Schamanen. Wir können es selbst tun. Alles, was dir in den Sinn kommt, ist brauchbar. Alles, was du gern tun möchtest, ist in Ordnung, auch wenn es noch so verrückt klingen mag. Solange es für dich Bedeutung hat, ist es dein Ritual, und damit ist es gut. Jedes Ritual, das irgendwann geschaffen wurde, kam durch das innere Leben eines Menschen und durch die Beziehung dieses Menschen zur Erde zustande.

Bei der Vorbereitung der Wildnissuche gibt es einen Teil, der sich ‚selbsterzeugte Zeremonie' nennt. Die Teilnehmer werden ermutigt, das zu tun, was ihnen gerade einfällt. Sie erhalten dafür die Erlaubnis und werden dabei geleitet. Eine Zeremonie muss nicht unbedingt im Anzünden einer Kerze oder eines Feuers bestehen oder in anderen Dingen, die wir üblicherweise mit Zeremonien in Verbindung bringen. Auch Zähneputzen oder das Wechseln der Kleidung können zeremoniell sein. Oder der Schlaf. Eine Zeremonie ist eine bedeutungsvolle Handlung, die im jeweiligen Moment für dich stimmig ist. Sie heilt die Trennung zwischen dem Heiligen und dem Profanen, weil du dem folgst, was in dir ist.

Wenn ich Menschen bei einer Zeremonie begleite, frage ich sie immer, ob diese Zeremonie die Selbstliebe fördert, ob sie das Herz der betreffenden Person zu sich selbst erweckt. Wenn die Zeremonie Angst auslöst oder dir nicht das Herz erwärmt, wenn sie dich nicht anspricht, dann nimm Abstand von ihr. Du musst den Unterschied kennen. Viele Leute wissen nicht, was ihr Herz erwärmt und was sie tröstet. Ich achte sehr darauf, dass ich den Leuten nicht sage, was sie tun sollen. Ich möchte, dass es von innen kommt, denn dann ist es wirklich authentisch.

Wenn du den Stein ins Rollen bringen willst, dann schau dich um und finde heraus, was du unternehmen kannst, um dein Herz zu erwecken. Wenn du gern ein Feuer machst, dann setz dich hin, beobachte das Feuer und schau, was in dir hochkommt. Wenn du dich von etwas lösen möchtest, kannst du symbolisch einen Gegenstand ins Feuer legen. Sehr einsame und trostbedürftige Menschen müssen etwas finden, das sie mit dem Gefühl des Getröstetseins verbindet, zum Beispiel einen Gegenstand, den sie von einem geliebten Menschen geerbt haben. Sie können auch ein Bild von diesem Menschen aufstellen. Wenn ein Mann nach langjähriger Ehe stirbt, kann seine Frau sein Bild betrachten und so mit ihm sprechen und ihn bitten, ihr zu antworten, damit sie getröstet wird. Sie kann auch eine Kerze anzünden und sein Bild auf den Altar legen und mit ihm sprechen oder sich einfach hinsetzen und beten. Beten ist etwas Wunderbares, und fast jeder kann beten. Geh in dich, lass dich auf die Knie sinken und bitte um das, was du willst."

Neben dem Erlebnis der Geburt fordert uns der Tod mehr als alle anderen Lebenserfahrungen dazu heraus, in der Gegenwart zu sein. Was geschieht mit unseren tiefen Gefühlen, wenn wir nicht bereit sind, sie bei einem Todesfall freizusetzen? Wo bleiben sie? Kraft- und saftlose Rituale können uns die Lebenskraft rauben und manchmal lebenslängliche Narben hinterlassen, die den Prozess des Trauerns beeinträchtigen und Ärger und Verwirrung stiften.

Jill erinnert sich lebhaft an den Abend, als ihr Vater starb. Ihre lächelnden Eltern umarmten sie und ihren Bruder an der Haustür und gaben ihnen Gute-Nacht-Küsse. „Es war furchtbar aufregend. Mein Vater und meine Mutter gingen groß aus zu einem Galadiner, mit dem der geschäftliche Erfolg meines Vaters und seine Aufnahme in einen renommierten Berufsverband geehrt werden sollte. Meine Eltern sahen blendend aus; mein Vater trug einen seidenen Anzug, meine Mutter ein langes Abendkleid. Sie flirteten miteinander und waren sehr verliebt. Am Morgen wurde ich dann von meiner Mutter geweckt. Sie sagte mir, dass es einen Unfall gegeben hatte und dass mein Vater tot war."

Dreißig Jahre später kamen Jill noch immer die Tränen, als sie sich an die Trauerfeier erinnerte. „Die Beerdigung war in Minnesota, wo mein Vater aufgewachsen war. Er wurde im Familiengrab beigesetzt. Aus meiner kindlichen Sicht war das Dunkle, das dem ganzen Geschehen anhaftete, besonders beängstigend. Die Spiegel in dem jüdischen Haus meiner Großmutter waren mit schwarzen Tüchern verhangen. Alle Leute trugen Schwarz. Eine Gruppe älterer Männern versammelte sich im Kreis. Sie wiegten sich hin und her und sprachen den Kaddisch. Alle sprachen mit gedämpfter Stimme und sahen mich traurig an, aber niemand redete mit mir. Meine Großmutter weinte hysterisch und jammerte. Der Regen prasselte ans Fenster. Es war, als weinte die ganze Welt.

Wir fuhren durch den Regen zum Begräbnis. Ich saß zwischen meiner Mutter und meiner Großmutter. Meine Großmutter weinte und klagte. Meine Mutter wollte nicht weinen. Ich versuchte, für sie stark zu sein. Ich glaubte, dass es ihr schwerer fallen würde, stark zu sein, wenn ich weinte. Ich fraß alle meine Tränen und meine Trauer tief in mich hinein.

Das Begräbnis meines Vaters war sehr formell. Es nahmen viele Fremde daran teil. Die Leute sahen mich mitfühlend an, hielten aber Distanz. Gebete wurden gesprochen, und wir alle wiederholten gemeinsam die Zeilen. Am Grab sprach ein Rabbi über meinen Vater, der ihn gar nicht gekannt hatte. Er sei ein guter Ehemann gewesen, ein hingebungsvoller Vater ... Aussagen, die man über jeden Beliebigen hätte machen können. Kein Wort über meinen lebenslustigen, charismatischen, schelmischen, brillanten Vater. Wir warfen jeder eine Handvoll Dreck über den Sarg, und dann war mein Vater weg.

Jahrelang hielt ich meine Tränen und meinen Schmerz zurück, ohne eigentlich zu wissen warum. Ich war zwölf, als mein Vater starb. Jetzt weiß ich, dass ich mich damals sehr einsam fühlte. Ich hätte Freunde und eine Gemeinschaft gebraucht, die verstand, wie groß mein Verlust war. Es war wichtig für mich, Geschichten über meinen Vater zu hören, darüber, was er allen, die ihn kannten, bedeutete. Er hatte ein erfülltes Leben gehabt, aber an seinem Begräbnis war alles unpersönlich und befremdend gewesen. Dies hinderte mich viele Jahre daran, mit meiner Trauer zurecht zu kommen."

Meine Freundin Bronwyn erinnert sich an die Beerdigung ihrer Mutter wie an einen Albtraum: „Meine Mutter starb, als ich achtzehn war. Sie hatte ein tragisches Leben. Meine Eltern hatten sich scheiden lassen, als ich zwölf war, und sie war als ‚paranoide Schizophrene' diagnostiziert worden. Sie wurde immer depressiver. In der psychiatrischen Anstalt diagnostizierte man Brustkrebs bei ihr, und ich glaube, sie beschloss einfach, dass sie nicht mehr leben wollte. Meine Mutter hatte ihr Leben lang in einem Schuhkarton gelebt, und dieser Karton wurde nun kleiner und kleiner, bis sie schließlich ziemlich allein starb.

Als ich hörte, dass sie im Sterben lag, raste ich in die Anstalt. Sie war noch wach, und ich erinnere mich, dass ich zu ihr sagte: ‚Ich liebe dich, Mama.' Sie konnte nicht mehr sprechen, aber sie drückte mir die Hand. Ihre Finger waren kalt, und sie war irgendwie grün und hatte einen Schlauch in der Nase. Ich sagte ihr: ‚Morgen früh wird es dir besser gehen.' Sie zuckte zurück, und ich verließ ihr Zimmer. Ungefähr eine halbe Stunde später kam mein Vater und sagte: ‚Komm und verabschiede dich von deiner Mutter.‘ Alles erschien mir so seltsam, mir war, als befände ich mich in einem Traum.

Die Trauerfeier war einfach entsetzlich. Geleitet wurde sie von meinem Vater, der seit einiger Zeit nichts mehr mit meiner Mutter zu tun gehabt hatte. Er hatte sie einbalsamieren und in einen offenen Sarg legen lassen. Ich war damals noch so jung, ich hatte keine Ahnung, was ich tun sollte. Wir saßen mit ein paar Leuten, die meine Mutter gekannt hatten, in einer winzigen Kapelle. Der Geruch von Formaldehyd durchzog den ganzen Raum und vermischte sich mit dem Duft der Blumen. Es war ein fürchterlicher Geruch.

Der Pfarrer wusste natürlich nichts über meine Mutter. Er leierte eine kurze Ansprache herunter, die nichts mit ihr, mit uns, mit irgendwas etwas zu tun hatte. Am Ende defilierten die Leute am Sarg vorbei. Ich erinnere mich daran, dass ich aufstand, aber ich konnte sie nicht ansehen. Meine Schwestern sagten, dass sie schön aussah bis auf die in Falten gelegte Stirn. Das Ganze war traumatisch, es hätte nicht hässlicher und nicht erbärmlicher sein können. So wollte ich mich auf keinen Fall an meine Mutter erinnern.

Danach wurde meine Mutter eingeäschert. Da wir damals nicht viel Geld hatten, kamen ihre Überreste in die höchste Reihe im Mausoleum. Wir konnten noch nicht einmal sehen, wo sie war. Ich bin nie wieder dorthin gegangen. Alles an ihrem Tod war falsch - ihr Sterben in der Anstalt, das Unerwartete daran, die Einbalsamierung, die Trauerfeier, die in Falten gelegte Stirn. Ich habe versucht, mich davon zu distanzieren, alles zu vergessen, aber natürlich geht das nicht.“

Diese zwei Geschichten stehen stellvertretend für Hunderte ähnlicher Geschichten, die ich gehört habe. Wir haben gelernt, höflich zu sein, die richtige Gabel zu benutzen, und den ganzen Kram, den man bei uns für wichtig hält, um in der Gesellschaft funktionieren zu können. Aber wie man am Ritual und am Übergang des Todes teilnimmt, das haben wir nie gelernt.

Barbara Peterson, die seit fünfundzwanzig Jahren als Krankenschwester auf einer Intensivstation arbeitet, hat jeden Tag mit Menschen zu tun, die dem Gefühl der Hilflosigkeit ausgesetzt sind. „Es gibt keine Richtlinien dafür, was man tun soll, wenn jemand stirbt“, stellt sie fest. „Ich würde mir wünschen, dass unser Umgang mit dem Tod zu einem natürlichen Teil unseres Lebens werden könnte. Aber so ist es nun einmal nicht. Telefongespräche müssen geführt werden, alles will arrangiert sein. Wenn jemand stirbt, sind die nächsten Angehörigen und Freunde in einem Ausnahmezustand. Gleichzeitig sind sie normalerweise in einer fremden, irgendwie surrealistisch anmutenden Krankenhausatmosphäre und kennen sich nicht mit den Regeln aus. Was gehört sich? Was gehört sich nicht? Es ist so viel zu erledigen und möglichst schnell.“

Barbara wünscht sich, dass mehr Menschen zu Hause sterben können, umgeben von Freunden und Angehörigen, anstatt in einer kahlen, sterilen Krankenhausumgebung. Die Krankenschwestern auf der Intensivstation spielen eine wichtige Rolle. Sie versuchen, den Familien im Angesicht des Todes Wärme und Verständnis entgegenzubringen.

Wenn niemand Zeit hat, den Hinterbliebenen zu helfen, gehen diese normalerweise in die Eingangshalle hinaus und suchen sich im Telefonbuch die Bestattungsunternehmen in der Nähe heraus. Die meisten wissen nicht, wo sie anfangen sollen, weil sie nie darüber nachgedacht haben. Sie haben sich nicht darauf vorbereitet. Es gibt keine Vorbereitung für den Umgang mit dem Tod.“

Zum Glück gibt es eine starke und wachsende Bewegung von Menschen, die wissen, wie wichtig es ist, Todesrituale wieder selbst in die Hand zu nehmen, und die für sich und ihre Lieben persönliche Abschiedsfeiern gestalten. Solche Leute können uns alle inspirieren.

Rituale helfen uns, Orte in uns aufzusuchen und aufzuschließen, an denen Transformation möglich ist, ohne dass wir den Vorgang bewusst verstehen müssten. Ein bedeutungsvolles Ritual kann die ganze Situation verzaubern. Wenn wir Zugang zum Spirituellen finden, kommt der Übergang in den Fokus und kann auf vielen Ebenen verstanden werden.

Unsere Zivilisation ist voll von Worten und Intellektualisierungen. Das sprechende Selbst spricht ständig. Das Ritual geht jedoch tiefer und verbindet uns mit dem Geheimnis des Lebens. Die Verarbeitung des Todes ist sehr schwierig, wenn wir auf intellektueller Ebene ansetzen, denn sie fördert Dinge ans Tageslicht, über die der Geist nachdenkt, die er jedoch nicht begreifen kann.

Seit mehr als zehn Jahren leitet Jill Goffstein die unterschiedlichsten Rituale oder nimmt an ihnen teil. „Der Tod eines geliebten Menschen hat tief reichende Folgen für uns. Wir haben ein starkes Bedürfnis, an der Würdigung dieses Menschen teilzunehmen, zu sagen, warum sein Leben bedeutsam und gut war, und gemeinsam mit den Angehörigen und Freunden zu trauern.

Die ersten entscheidenden Tage nach einem Todesfall stellen die Weichen für den Heilungsprozess. Was wir nun tun, ist so wichtig, dass es noch jahrelang nachhallen kann. Wenn es uns gelingt, den Heimgang eines Lebens sinnvoll und ehrlich zu würdigen und in Erinnerung zu behalten, und wenn dies in einem Rahmen geschieht, der inbrünstiges und offenes Trauern mit anderen zulässt, dann können wir diesen ersten Schritt der Trauer abschließen und damit beginnen, unser Leben wieder aufzunehmen.

Ein persönliches gestaltetes Ritual kann sehr wirksam zur Würdigung eines geliebten Menschen beitragen. Rituale sind so effektiv, da sie über Worte und über die alltägliche Realität hinausgehen. Sie vertiefen unsere Erfahrung, indem sie uns mit den größeren Geheimnissen von Leben und Tod verbinden. Ein Ritual kann uns helfen, über die Erfahrung von Verlust und Trauer hinwegzukommen, denn es gibt uns Gelegenheit, den Geist anzurufen und durch das gemeinsame Trauern mit denen, die unseren Verlust teilen, diese Erfahrung zu einem Ende zu bringen.

Die Zeit, die wir mit der Planung des Rituals zubringen, ist eine sehr wichtige Phase im Trauer- und Heilungsprozess in den ersten Tagen nach dem Tod eines geliebten Menschen. Der Planungsprozess sorgt für einen wichtigen positiven Fokus und gibt uns Gelegenheit, uns an das Leben zu erinnern, das nun zu Ende gegangen ist - an die Wirkung, die dieser Mensch auf andere hatte, an Geschichten, die man über ihn erzählt, an gemeinsame Erlebnisse und Wertvorstellungen. Wenn wir so über das Leben dieser Person nachdenken, können wir die Wirklichkeit des Verlusts besser annehmen und uns den Einstieg in den Prozess des Trauerns erleichtern.“

Es ist schwer, klar zu denken und passende Rituale zu erfinden, wenn jemand gestorben ist und man sich nicht entsprechend darauf vorbereitet hat. Mehr Information ist in der„Gestaltung eines Gedenkrituals in einzelnen Schritten“ im Anhang zu entnehmen.

Wir brauchen uns von dem Gedanken an den eigenen Tod oder an den Tod eines geliebten Menschen nicht entfremdet zu fühlen. Es ist nicht nötig, dass wir das Unbehagen und die Absurdität von Gedenkfeiern über uns ergehen lassen, die dem wahren Geist des Verstorbenen nicht gerecht werden. Solche Feiern verzerren nur das Bild, anstatt es wahrhaft widerzugeben. Es liegt an uns, persönliche Rituale zu schaffen, die zum „Anfassen“ da sind und mit denen wir allen Beteiligten Trost spenden können. In den nächsten drei Kapiteln geht es um die unterschiedlichsten Rituale, mit denen wir die Feuer der Transformation in der Nähe des Todes entzünden können.

Meine Tante starb, und wir legten ihr Blütenblätter auf die Hände und Arme. Sie war seit Wochen im Koma, und wir konnten nicht glauben, dass sie noch lebte. Sie nahm kein Essen zu sich, nur Flüssigkeiten und die Morphiuminfusion. Unsere Fürsorglichkeit war ein Komfort..

Die Rosen blühten, und ihr Zimmer war voll davon. Das war schön. Wir rollten Blütenblätter zwischen den Fingern und rieben ihr Hände und Füße mit dem Rosenwasser ein.

Ihre Haut war schon kalt, ihre Hände und Füße verfärbten sich grau. Es sah aus, als würde das Leben aus ihnen entweichen. Ihre Tochter und ich bewegten uns langsam, verrieben behutsam die Rosenblätter auf ihrer Haut.

Es war wirklich schön, und es roch so gut. Die zarten Blütenblätter waren wunderbar. Wir waren bei ihr, wir berührten und umsorgten sie, und wenn wir einen Schritt zurücktraten, sah es wirklich schön aus. Sie hatten sie so geschmückt, wie es ihr zustand. Dieses Ritual schien mir in der sterilen Krankenhausumgebung besonders wichtig zu sein.

Paula

Kapitel 4:

Der letzte Tanz - Sinnvolle Rituale für andere gestalten

Steh nicht an meinem Grab und weine.
Ich bin nicht da.
Ich schlafe nicht.
Ich bin tausend Winde, die wehen,
Ich bin das diamantene Glitzern im Schnee
Ich bin die Sonne im reifen Korn,
Ich bin der milde Herbstregen.
Wenn du in der Stille des Morgens erwachst
Bin ich das Aufflattern lautloser Vögel.
Ihr kreisender Flug.
Ich bin der sanfte Stern, der in der Nacht scheint.
Steh nicht an meinem Grab und weine.
Ich bin nicht da.
Ich bin nicht gestorben.

Indianisches Gebet

Ein gutes Todesritual würdigt die verstorbene Person auf sinnvolle Weise und kann sich für die Hinterbliebenen als sehr heilsam erweisen. In einer Zeit, in der alle besonders unterstützungsbedürftig sind, schafft ein gutes Todesritual einen sakralen Raum und macht es leicht, Hilfe in Anspruch zu nehmen und sich mit anderen Familienmitgliedern und Freunden zusammen zu tun. In den kommenden Monaten und Jahren der Trauer werden Sie Trost darin finden, dass Sie den Verstorbenen so gut und angemessen gewürdigt haben, wie es Ihnen möglich war.

Eine persönlich gestaltete Todeszeremonie würdigt nicht nur die verstorbene Person, sondern fördert auch den Heilungsprozess der Lebenden. In welchem Maße Sie an der Gestaltung und am Ablauf der Zeremonie mitwirken wollen, bleibt Ihnen überlassen. Meine Gespräche mit Betroffenen und meine eigenen Erfahrungen legen nahe, dass eine aktive Beteiligung an der Zeremonie das Gefühl der Hilflosigkeit erst gar nicht aufkommen lässt. Vielleicht leiten Sie selbst die ganze Zeremonie, vielleicht holen Sie sich aber auch lieber Rat bei einem Geistlichen oder bei einem guten Freund. Es gibt neben den herkömmlichen Vorgehensweisen noch so viele andere Möglichkeiten, die nicht weniger gut oder „richtig" sind.

Eine Trauerfeier selbst zu entwickeln, erfordert viel Überlegung und Fingerspitzengefühl. Vielleicht können Sie sich gar nicht vorstellen, wie Sie in einer emotional so stark aufgeladenen Zeit dazu beitragen können. Doch wenn ein geliebter Mensch stirbt, hüllt uns die Natur in einen schockähnlichen Ausnahmezustand, damit wir über die folgenden Tage hinwegkommen. Er ähnelt dem Zustand, der sich bei einer Geburt einstellt, wo alles andere in den Hintergrund zu treten scheint. Es ist unendlich heilsam, wenn wir uns darauf konzentrieren, den Verstorbenen in authentischer Form zu würdigen, anstatt uns den Kopf um die „passende" Form zu zerbrechen und den Ablauf „Profis" zu überlassen. Es ist nicht verboten, die Sache selbst in die Hand zu nehmen; das Einzige, was Sie daran hindern könnte, ist vielleicht Ihre mangelnde Erfahrung. Die vielen verschiedenen Modelle in diesem Kapitel sollen Ihnen dabei helfen, Ihre ureigensten persönlichen Rituale zu schaffen und darüber nachzudenken, wie Sie die verstorbene Person würdigen können. Sie können zu diesem Zweck die Rituale übernehmen, mit denen Sie aufgewachsen sind, oder mit selbst erfundenen Ritualen Ihrer Liebe schöpferischen Ausdruck verleihen.

Wenn Menschen aus unterschiedlichen Kulturen in einer Gesellschaft zusammen leben, können viele verschiedene Einflüsse und

Praktiken zur Verfügung stehen. Doch oft sind die traditionellen Rituale dann nicht mehr vollständig erhalten und haben an Kraft verloren. Wenn jeder sich anzupassen versucht, gehen Rituale oftmals ganz unter oder sie verblassen allmählich und sind dann nur noch schwache Abbilder der ursprünglichen Zeremonien.

Bitte überlegen Sie, ob Sie sich nicht zumindest um ein paar Aspekte der Trauerfeier Ihrer Freunde und Verwandten kümmern können. Viele Menschen sind heute in keine religiöse Gemeinde mehr eingebunden und haben deshalb niemanden, der sie kennt und der sie in angemessener Form würdigen könnte. Selbstverständlich können Geistliche oder Bestattungsunternehmer eine wichtige Rolle in dieser schwierigen Zeit spielen. Das heißt aber nicht, dass Sie ihnen den gesamten Ablauf überlassen müssen.

Natürlich mag es gute Gründe dafür geben, eine Gedenk- oder Trauerfeier einer anderen Person anzuvertrauen. Vielleicht ist die Entfernung zu groß, oder die anderen Familienmitglieder legen Wert auf eine traditionelle Zeremonie. Der Tod eines jeden Menschen ist einmalig, und deshalb muss auch jedes Ritual einmalig sein. Vielleicht hat dieses Buch Ihr Interesse geweckt, weil Sie schon einmal eine Trauerfeier eines Verwandten oder Freundes erlebt haben, die sie nicht als stimmig empfanden oder die nichts Persönliches über das Leben des Verstorbenen aussagte. Ich hoffe, dass Sie Ihre eigenen Möglichkeiten ins Auge fassen und dass Sie offen für die folgenden Geschichten sind.

Mark

Mark war ein Filmproduzent, der von vielen geliebt wurde. Er war ein tatkräftiger Mensch und führte ein intensives Leben. Als die Menschen von seinem Tod erfuhren, riefen Sie aus allen Teilen des Landes an und wollten an seiner Gedenkzeremonie teilnehmen. Sie rezitierten Gedichte, die sie über ihn geschrieben hatten, sangen Lieder, in denen sie seine Persönlichkeit schilderten, spielten seine klassische Lieblingsmusik und lasen Briefe, die sie von ihm erhalten hatten. Seine unmittelbare Familie brachte eine Woche damit zu, eine wirklich außergewöhnliche Diashow über sein Leben und die musikalische Begleitung dazu zusammenzustellen. Dieses Liebeswerk brachte Mark ein letztes Mal zum Leben. Die kollektive Erinnerungsfeier empfanden alle als tief bewegend. Als dieser unglaubliche Abend zu Ende gegangen war, sagte Marks Bruder: „Ah, wir haben gut getrauert." Und damit sprach er allen aus dem Herzen.

Jeff

Als Jill ihren 33-jährigen Bruder Jeff verlor, wollten sie und ihre Mutter nicht noch einmal eine so unpersönliche Trauerfeier, wie ihr Vater sie erhalten hatte. Sie fanden einen Rabbi, der bereit war, mit ihnen ein Ritual zusammenzustellen, das für Jeffs Leben relevant war. Da Jeff Collagen im Stil des deutschen Künstlers Kurt Schwitters gemacht und dazu alte vergilbte Bahnkarten, Briefmarken, rostige Metallstücke und verwittertes Holz verwendet hatte, beschlossen sie, Jeffs Gedenkfeier als eine Art Lebenscollage für Jeff zu gestalten. Freunde und Familie saßen im Kreis zusammen und schilderten ihre Beziehung zu Jeff. Jeder erzählte eine Geschichte über ihn: wie Jeff sie inspiriert hatte und was sie an ihm geliebt hatten. Die Zeremonie erhielt ihre Kraft und ihren Wert durch Jeffs Persönlichkeit und dadurch, dass er so viele Leben beeinflusst hatte. Jill und ihre Mutter hatten ihre wahre Freude an den Geschichten über Jeffs mitfühlendes Herz, über seinen Humor und darüber, wie er so viele Leben bereichert hatte - Geschichten, die der Collage immer tiefere Schichten hinzufügten. Alle lachten und weinten, während Geschichte um Geschichte an ein Familienerlebnis rührte und dauerhafte Erinnerungen für alle Anwesenden schuf. Nach der Feier war eine einfache, schöne Beisetzung für Jeffs Asche geplant. Jill erinnerte sich an die Stunden, die sie und Jeff als Kinder damit zugebracht hatten, auf die Bäume im Nachbargarten zu klettern und in knackige Äpfel zu beißen. Sie und ihre Mutter fanden einen privaten Park, dessen Eigentümer damit einverstanden war, dass sie Jeffs Asche dort begruben. Von den Behörden erhielten sie die Genehmigung, die Asche unter einem Apfelbaum zu begraben, den sie selbst gepflanzt hatten. Der körperliche Akt, den schweren Boden mit der Schaufel abzutragen, das Gewicht der Erde dabei zu spüren und den kräftigen Geruch einzuatmen, bedeutete ihnen viel. Nachdem das Loch gegraben war, standen sie eine Weile schweigend da; dann schütteten sie die Asche hinein. Das Pflanzen eines lebendigen, wachsenden, Obst spendenden Baumes war sehr bewegend, und die Schlichtheit des ganzen Ablaufs entsprach der Persönlichkeit Jeffs.

Niemand muss sich dafür schämen, wenn er oder sie auf einer Gedenk- oder Trauerfeier den Kummer zur Schau stellt. Meiner Meinung nach ist die wachsende Unzufriedenheit mit traditionellen Trauerfeiern teilweise eine Reaktion auf rührselige, auf Bestellung fabrizierte Beisetzungspraktiken. Diese schablonenhaften Zeremonien führten zur Entstehung von Gedenkfeiern, für die sich als erste die Unitarischen Universalisten einsetzten und die inzwischen nur noch von den ganz strengen Religionen abgelehnt werden.

Wie plant man eine Gedenkfeier? Das hängt immer von den Verwaisten ab. Die Feier ist für sie gedacht. Und für die Gemeinde. Man darf sie nicht vergessen. Ich richte mich bei der Feier immer nach den Wünschen der Familie. Wenn sie an Gott glauben, bekommen sie einen „Gottesdienst". Humanisten bekommen eine humanistisch ausgerichtete Feier. Ich schneide meine Feier auf die Bedürfnisse der Hinterbliebenen zu. Dazu muss ich Gespräche mit der Familie und den Freunden führen, soweit dies möglich ist, und die passenden Texte finden. Zuerst bitte ich um einen Termin mit der ganzen Familie oder mit den Leuten, die der verstorbenen Person nahe stehen. Dann bin ich bei der Feier kein Fremder mehr. Ich spreche sie etwa so an: „Erzählen Sie mir etwas über Horace. Wie war er? Was waren seine Interessen? Wie fühlen Sie sich? Was soll ich sagen? Diese Feier ist für Sie gedacht. Horace können wir nun nicht mehr erreichen. Die Gedächtnisfeier ist eine Gelegenheit, an Horace zu denken. Wer von Ihnen möchte gern etwas sagen bei der Feier? Wen könnte man außerhalb der Familie bitten, ein paar Worte des Gedenkens zu finden? Sagen Sie es mir." Oft fragt man mich später: „Wie konnten Sie wissen, worüber ich sprechen musste?" Die Antwort ist: „Ich weiß es."

Farley W. Wheelwright, Geistlicher der Unitarian Universalists, a.D.

Bernice

Als Doug Goslings Mutter starb, wurde eigens für sie eine Zeremonie in der lutherischen Tradition zusammengestellt. Viel Sorgfalt und Überlegung floss in die Vorbereitungen ein. Bernice gestaltete einiges von ihrem Ritual noch vor ihrem Tod selbst, den Großteil überließ sie jedoch ihrer Familie und dem Pfarrer.

Der Pfarrer ihrer Kirche verstand es, der Familie bei der Auswahl der Musik und der Trauergäste beratend zur Seite zu stehen. Die Zeremonie enthielt viele persönliche Elemente und erhielt dadurch für alle Anwesenden Bedeutung. Bernice hatte sich ihre Sargträger selbst ausgesucht, sechs Männer und zwei Frauen. Ihre engsten Freundinnen fungierten als ehrenamtliche Sargträger.

Doug erinnert sich gern an die Trauerfeier: „Viele Menschen empfinden Trauerfeiern als schmerzliche Angelegenheit, aber die Zeremonie für meine Mutter war ganz anders. Es ist eigentlich erstaunlich, wie sehr sie uns eine Ahnung davon vermitteln konnte, wer meine wirklich Mutter war. Die vielen unterschiedlichen Menschen, die kamen, und das, was sie zu sagen hatten, war eine fantastische Bestätigung meiner Mutter. Ich empfand es nicht als ermüdend. Es war etwas Erhabenes. Es gab mir unglaublich viel Energie. Unsere ganze Familie war Gastgeber, und dadurch dass wir die vielen Leute empfingen, brachten wir etwas von dem hinüber, was meine Mutter für sie empfunden hatte.“

Dougs Mutter war Feministin im tiefsten Sinne des Wortes, und der Pfarrer würdigte ihre Rolle in der feministischen Bewegung. Als er das Vaterunser sprach, betete er zu „unserer Mutter im Himmel“. Die Familie wusste es auch zu schätzen, dass er während der gesamten Zeremonie auf geschlechtsspezifische Pronomen verzichtete und auf diese Weise ihre politische Überzeugung in die Zeremonie mit einbezog.

Durch die persönliche Gestaltung der traditionellen Zeremonie und mit der Unterstützung eines feinfühligen Geistlichen, der die

Verstorbene kannte, gelang es der Familie, ihre Mutter auf außergewöhnliche Weise zu würdigen.

Falls Sie wirklich wollen, dass die Trauerfeier der verstorbenen Person gerecht wird, ist es ratsam, sich selbst darüber Gedanken zu machen, bevor Sie ein Bestattungsinstitut einschalten. Wenn Sie klare Vorstellungen haben, geben Sie der Beerdigungsindustrie keine Möglichkeit, Vorteil aus Ihrer Unschlüssigkeit zu ziehen. Ein Bestattungsunternehmer könnte beispielsweise versuchen, Sie an Ihrem Schamgefühl zu packen, und Ihnen eine teure Urne aufschwatzen, obwohl Sie wissen, dass dies ganz und gar nichts mit Ihrem Respekt für die verstorbene Person zu tun hat. Mit dem Geld könnten Sie etwas zu den Flugtickets für gute Freunde und Verwandte beisteuern. Das wäre möglicherweise sinnvoller, als es für eine Kiste auszugeben, die dann sowieso in die Erde kommt. Traditionen können tröstlich sein, zumal sie uns vertraut sind. Trotzdem sollten Sie Ihrer Kreativität freien Lauf lassen und ein paar neue Traditionen schaffen.

Jenny

Catherine McCauleys Eltern, Tante und Onkel planten gemeinsam ein Fest für die Goldene Hochzeit der beiden Paare und luden dazu ihre Familien nach Oregon ein. Drei Wochen vor dem Termin hatte Catherines Tante Jenny einen Schlaganfall und starb. Zunächst wollte man das Treffen absagen, aber nachdem man es seit fünf Jahren geplant hatte, beschloss man, es in eine Gedenkfeier umzufunktionieren. Es kamen fast fünfzig Leute aus den beiden Familien zusammen, und alle beteiligten sich aktiv, selbst die kleinen Kinder. Eine Gedenkfeier brachte das Treffen für die ganze Familie zu einem guten Abschluss.

„Meine Tante Jenny wurde eingeäschert; die Asche kam in eine Keramikurne", erinnert sich Catherine. „Alle waren eingeladen, etwas zur Gedenkfeier mitzubringen und es zur Asche ins Grab zu legen. Da Jenny eine leidenschaftliche Leserin gewesen war, brachte jemand das kleine Taschenbuch, das sie vor ihrem Tod gelesen hatte, und sprach ein paar Worte. Mein Cousin brachte die verbogene Gartenschere, die einmal versehentlich von einem Lastwagen überfahren worden war, mit der Jenny aber trotzdem viel und gern gearbeitet hatte. Auch die Schere wanderte zur A-sche ins Grab. Der Humor war wohltuend und sorgte für Lachen und Weinen. Meine Tante hatte immer für alles Listen gemacht, und deshalb machte jemand eine Liste für sie, auf der stand, was sie tun sollte. Tante Jenny war umgeben von ihrer Familie und wurde mit vielen persönlichen Erinnerungsgegenständen begraben.

Die Kinder bildeten einen Kreis um eine violette Kerze, die meine Tante repräsentierte. Jedes Kind hatte eine kleine weiße Kerze und zündete diese an der violetten Kerze an. Jedes schrieb eine Erinnerung an Tante Jenny auf ein Blatt Papier und las sie laut vor. Dann verbrannten sie das Blatt und verabschiedeten sich damit ganz persönlich. Am Ende bliesen sie ihre Kerzen aus, und mein Onkel blies die Kerze meiner Tante aus.

Peter

Peter starb nach langer Krankheit in seinem eleganten Haus, von dem aus er die Bucht von San Francisco überblickte. Er wurde eingeäschert. Seine Kinder baten Peters langjährigen Freund Michael, die Gedenkfeier im Haus ihres Vaters zu leiten. Michael übernahm es, die Zeremonie zu gestalten und den Ton zu setzen. Peter hatte einen trockenen Humor, und Michael wollte Leichtigkeit in die Zeremonie bringen, gleichzeitig aber auch dafür sorgen, dass die Menschen ihre Trauer empfinden konnten.

Peters Leben war glamourös und interessant gewesen. Er sah aus wie ein Filmschauspieler und hatte auch so gelebt. Er hatte die Marineakademie absolviert, war Kapitän gewesen, dann Professor an der Stanford Universität. Er hatte Flamencogitarre gespielt und eine erfolgreiche Softwarefirma gegründet. Michael hatte es arrangiert, dass Leute aus den verschiedenen Abschnitten in Peters Leben ein paar Worte sagen sollten. Es wurden Geschichten aus Peters Zeit bei der Marine, aus seinem Arbeitsleben und aus seiner Zeit als Geschäftsmann erzählt. Sein Gitarrenlehrer spielte die Laute. Ein Freund aus der Konzertgruppe, die Peter mit gegründet hatte, spielte eins von Peters Lieblingsstücken von Bach. Ein paar Leute sprachen spontan. Ein Freund rezitierte ein Gedicht, das Peter ein paar Wochen vor seinem Tod ausgewählt hatte.

Am Ende las sein Sohn den letzten Eintrag aus dem persönlichen Tagebuch des Vaters, eine scharfsinnige Beobachtung Peters über sich selbst. Der Tag war warm und klar. Mehr als siebzig Menschen waren gekommen und genossen das elegante Buffet. Es wurde im Esszimmer serviert, das sich zur Terrasse hin öffnete, in Peters geliebtem Zuhause.

James

Beth Fox war noch eine ganz junge Frau, als ihr Mann James eines Tages zur Arbeit ging und nie wieder nach Hause kam. James war erst sechsunddreißig, als er ohne Vorwarnung starb. Er hinterließ Beth und zwei kleine Kinder im Alter von drei und fünf Jahren. Anstatt sich an die Todesexperten zu wenden, was die meisten Menschen unter solchen Umständen tun würden, ging Beth tief in sich hinein und beschloss, das zu tun, was sie für sich, ihre Kinder, Schwiegerfamilie, Freunde und Mitglieder ihrer ländlichen Gemeinde als wichtig empfand. Beth ließ ihre Kinder an der Schaffung eines speziellen Rituals für ihren Vater mitwirken, da sie dies als wertvoll empfand. Gleichzeitig respektierte sie auch die Anliegen und Wünsche ihrer Schwiegerfamilie. Sie ließ sich einzig und allein von der Stimme ihres Herzens leiten, und so entstand eine außergewöhnlich freudige und fürsorgliche Gedenkfeier.

„James wurde in einem Friedhof in der Nähe von unserem Haus begraben. Ich machte es alles genauso, wie ich es wollte. Niemand nahm mir meinen Abschied von James aus der Hand. Ich konnte einen Ort schaffen, wo sich seine Freunde auf respektvolle, ehrende, passende Weise von ihm verabschieden konnten. Es war keine entfremdete, beängstigende Angelegenheit; es wurde nicht wie üblich um die Sache herumgeredet. Gedenkfeiern sind meist die pure Entfremdung. Diese Gedenkfeier war wunderbar. Zweihundert Leute versammelten sich unter den Redwood-Bäumen. Alles war voller Schnittblumen.

Es standen Leute auf, die James kannten und liebten, und sprachen. Sie lasen Gedichte. Sie standen Schlange, um uns ihre Gedanken und ihre Erinnerungen an ihn mitzuteilen - was er für ein Lehrer war, was er für ein Vater war. Anschließend trugen wir seinen Sarg zum Friedhof, der am anderen Ende der Straße ist. Wir gingen alle hinter dem Sarg her. Freunde spielten Musik. Wir sangen ‚Will the Circle be Unbroken‘ und ein paar Lieder von Simon und Garfunkle. Es hatte gerade geregnet. Es war ein herrlich klarer, lieblicher Morgen. Die Sonne schien sehr hell; überall gab es Kinder. Das Ganze war irgendwie sehr wohltuend.

Wir hatten eine Schale mit brennenden Schwimmkerzen und Blumen. Als er in die Erde hinunter gelassen wurde, standen wir am Grab und sangen. Ein paar Freunde von uns haben unglaublich schöne Stimmen. Es war wie Engelsgesang. Wir alle begruben ihn. Ich glaube, wir hatten sechs oder sieben Schaufeln. Als die anderen zurückgingen, blieb ich mit meinem Sohn noch am Grab. Wir fuhren fort, seinen Vater zu beerdigen. Er schaufelte mit seinen kleinen Händen. Wir blieben bis zum Ende. Dann kehrten wir nach Hause zurück.“

Chris

Chris war ein ganz großer Fußballspieler an seiner Highschool, als er unerwartet im Alter von achtzehn Jahren starb. Er wurde von seiner Familie und seinen Freunden so sehr geliebt, gehörte so sehr zum Leben seiner Klassenkameraden, dass sein Tod alle bewegte. Die Schüler trauerten um ihren Freund, und viele von ihnen waren zum ersten Mal mit ihrer eigenen Sterblichkeit konfrontiert. Therapeuten waren 24 Stunden im Einsatz und halfen bei der Trauerarbeit.

Vier enge Freunde von Chris waren besonders desorientiert, bekümmert und aufgebracht. Wally, der tibetische Meditation praktizierte, lud die Jungen zu einer Zeremonie in seinem Meditationsraum ein. Wallys Frau erinnert sich: „Ich zündete eine Kerze an und sprach, dann zündete ich die Kerze meines Sohnes an, und er sprach und so weiter, bis alle Kerzen um einen Kreis herum angezündet waren. Wir schufen eine heilende Flamme für Chris.

Wir brachten ihn in unsere Herzen und in unseren Geist und spürten seine Anwesenheit. Wir erzählten alle eine Erinnerung an ihn, und was wir über seinen Tod empfanden. Es kam von Herzen. Dann ließ ich jeden der Jungen eine Tarotkarte ziehen, und als Gruppe sprachen wir über jede Karte und was ihnen in ihrem Umgang mit dem Verlust helfen und was sie blockieren könnte. Wir sprachen darüber, was jeder von uns am besten für sein eigenes Wachstum und für das Andenken von Chris tun konnte. Danach sahen alle Jungen besser aus und fühlten sich auch besser, mehr mit sich im Reinen. Alle behielten ihre Kerze. Wir spürten, dass wir Chris auf ewig im Herzen behalten würden und fühlten uns nicht mehr so sehr getrennt von ihm. Wir fühlten, dass wir alle einmal dahin gehen würden, wo er war."

Es ist leichter, einen Schlussstrich zu ziehen, wenn man eine aktive Rolle übernimmt - wenn man ein Gedicht schreibt, ein Lied für die verstorbene Person singt oder auch nur Erde in das Grab schaufelt. Ich kann gar nicht genug betonen, wie sehr dies den Lebenden hilft. Und wenn das Organisieren oder Leiten nicht gerade Ihre Stärken sind, gibt es immer noch viele wichtige Aktivitäten, an denen Sie, Ihre Freunde und Ihre Familie teilnehmen können. Sie können den Sarg oder die Urne schmücken, Musik oder Blumen auswählen, Kerzen anzünden, Blumen verteilen, Geschichten erzählen oder Gedichte lesen. Wenn jeder aktiv mitwirken kann und jeder die Möglichkeit hat, sich auf seine Weise zu verabschieden, erhält der letzte Abschied einen großen Wert. Es tröstet uns, wenn wir wissen, dass die Todeszeremonie richtig verlaufen ist und die Familie und Freunde das Leben der verstorbenen Person wahrhaft gewürdigt haben.

Wenn die leibliche Familie des Verstorbenen einem traditionellen Zeremoniell verpflichtet ist und sich nicht dazu entschließen kann, Alternativen in Erwägung zu ziehen, haben Sie die Möglichkeit, entweder zu improvisieren oder zu einem anderen Zeitpunkt eine eigene Zeremonie durchführen, die Ihren Bedürfnissen besser entspricht. Oft übergeht die biologische Familie Partner und Freunde des Verstorbenen einfach. Die Leiche wird an den Ort überführt, aus dem die Familie stammt, und die Freunde bleiben mit ihrem Bedürfnis zu trauern allein zurück. In einen solchen Fall ist es nur sinnvoll, eine eigene Zeremonie abzuhalten.

Als Farleys Schwester Ruth starb, wurde ihre Trauerfeier in dem Altenheim der Heilsarmee abgehalten, wo sie fünfundzwanzig Jahre gelebt hatte. Der Heimleiter bestand auf dem üblichen Zeremoniell. Das mag zwar die Heimbewohner zufrieden gestellt haben, aber den anderen Freunden und ihrer unmittelbaren Familie war damit nicht gedient. Farley erinnert sich: „Wir zogen uns in ein Apartment in der Nähe zurück und feierten Ruths Leben auf unsere Art mit Familienerinnerungen - mit Fotos, ihrem Silber, Geschichten und einem schönen Essen. Mit unserer eigenen spontanen Zeremonie wurden wir den schlechten Nachgeschmack des genormten Zeremoniells los, das Ruth in den Erdboden gestampft hatte, anstatt ihren schönen Geist zu preisen.

Die Astrologin P.J. Tyler, die sich täglich mit den tiefsten Emotionen von Menschen auseinandersetzt, entwirft häufig Rituale und hilft Menschen in Zeiten des Verlusts, ihre Gefühle auszudrücken. Als ihr Schwiegervater starb, ging sie davon aus, dass die Zeremonie sein Leben feiern und reflektieren würde und dass sie ihren Kummer mit Freunden und Verwandten teilen könnte. Sie wurde sehr enttäuscht.

„Mein Schwiegervater war so ziemlich das Väterlichste, was ich in meinem Leben hatte, und deshalb war es für mich sehr wichtig, nach Minnesota zu gehen und an seiner Gedenkfeier teilzunehmen. Er hatte im Chor mitgesungen und war in seiner Kirche sehr aktiv gewesen, und nun erhielt er eine durch und durch traditionelle christliche Zeremonie. Ich konnte es nicht verstehen. Sein Name wurde nur wenige Male erwähnt. Er war eine imposante Persönlichkeit gewesen, ein Mensch, der die Aufmerksamkeit aller auf sich zog. Er hatte einen wichtigen Platz in seiner Gemeinde eingenommen, doch der Pfarrer verlor kein einziges Wort über den Mann, den ich kannte. Er wurde auf dem Veteranenfriedhoch beigesetzt, und als der Soldat die Trompete blasen sollte, war sie so kalt, dass er keinen Ton herausbrachte. Das Ganze war nichts als eine Formsache. Nichtssagend. Eine Allerweltszeremonie.

Es war einfach nicht genug. Ich wollte über Vater sprechen und Geschichten über sein Leben hören. Ich wusste, dass ich bald wieder ins Flugzeug steigen würde und fühlte mich ziemlich im Stich gelassen. Zum Glück empfanden andere genauso wie ich. Nach der Zeremonie versammelten wir uns deshalb um die Salatbar und erzählten uns Geschichten über den Mann, den wir alle kannten und liebten. Wir konnten nicht genug davon bekommen."

Wenn andere trauern

Aus meiner Sicht gibt es nur eine einzige richtige Verhaltensweise, wenn jemand trauert: mit dieser Person weinen, normalerweise ohne etwas zu sagen. Es gibt Zeiten, in denen Worte die Heftigkeit der Gefühle nur schmälern würden.

Es gibt Vieles, was wir nicht tun sollten:

Sagen Sie niemandem, dass Kummer unangebracht ist und nicht ausgedrückt werden sollte.

Sagen Sie niemandem, dass es immer noch viel Anlässe zur Freude gibt.

Machen Sie sich keine Gedanken darüber, was mit dem Verstorbenen geschieht. Gehen Sie nicht davon aus, dass der/die Trauernde Ihre Überzeugungen über das Unbekannte teilt.

Sprechen Sie nicht über den Willen Gottes.

Versuchen Sie nicht, mit Worten Trost zu spenden. Eine Umarmung ist viel besser.

Tun Sie nicht so, als würden Sie die Gefühle des/der Trauernden kennen.

Sagen Sie nicht, dass der Kummer nicht anhält und dass die Zeit Wunden heilt.

Legen Sie dem/der Verwaisten nicht nahe, den Verlust schnellstmöglich zu ersetzen.

Sagen Sie nicht: „Sag mir, wenn ich etwas für dich tun kann. Machen Sie lieber konkrete Vorschläge.

Sprechen Sie nicht über Zukunftspläne. Die Verwaisten können sich im Augenblick nur um die Gegenwart kümmern.

Meiden Sie die verwaiste Person nicht, weil Sie vielleicht nicht wissen, was Sie sagen sollen. Sie brauchen gar nichts zu sagen. Durch Ihre Anwesenheit spenden Sie Trost.

Was Sie tun sollten: Stehen Sie der trauernden Person zur Verfügung und nehmen Sie dabei Rücksicht auf ihr Bedürfnis nach Alleinsein. Geben Sie dem/der Verwaisten das, was er/sie von Ihnen braucht, und nicht, was Ihrer Meinung nach am besten ist.

Farley W. Wheelwright

P.J. tat damals das Beste, was unter den Umständen möglich war, aber sie kehrte mit viel unerlöstem Kummer nach Hause zurück. Da ihr die Bedeutung des Rituals für den Heilungsprozess bewusst war, rief sie ein paar enge Freunde an und hielt für ihren Schwiegervater eine Gedenkfeier unter dem abendlichen Sternenhimmel im Garten ab. Sie versammelte ihre Freunde um sich, tauschte Geschichten und Fotos mit ihnen aus, sang Lieder und zündete Kerzen an, um den Mann zu würdigen, der einen so großen Einfluss auf ihr Leben ausübte.

Natürlich freuen wir uns nicht über den Verlust eines geliebten Menschen, aber wir dürfen der Trauer auch nicht ausweichen, sondern müssen sie annehmen. Das führt uns ins Leben zurück. Weil wir uns selbst vor Tod und Verlust fürchten, neigen wir dazu, den Schmerz und den Kummer anderer mit Platitüden abzutun. „Wenigstens hat sein Leiden nun ein Ende", sagen wir, oder: „Sie ist ja jetzt bei der Großmutter im Himmel." Sicherlich mag sie im Himmel sein, aber vielleicht machen die Hinterbliebenen gerade die Hölle durch, fühlen sich isoliert und allein gelassen. Das Leiden des Toten mag in der Tat beendet sein, aber das Leid der Lebenden beginnt gerade erst.

Da jeder von uns einmalig ist, gibt es kein Patentrezept für den Umgang mit dem Kummer. Ich kann nur daran erinnern, dass der Tod eine Gewissheit ist. Eine weise Person kennt daher ihre Kraftquellen, bevor sie sich mit ihm auseinander setzen muss. Oft versäumen wir es, uns rechtzeitig mit unseren Trostquellen vertraut zu machen, und wenn der Sturm über uns hereinbricht, wissen wir nicht, wo wir Zuflucht finden können.

Spezielle Rituale helfen den Lebenden, unerledigte Aufgaben oder unbewältigten Beziehungskram zu bewältigen. Folgende Geschichte veranschaulicht, wie eine Familie gemeinsam ihre Mutter würdigte.

Brenda

Brenda, eine Englischlehrerin, starb im Alter von vierundfünfzig Jahren. Sie war Alkoholikerin und rauchte am Tag zwei Schachteln Zigaretten. Sie hatte sich geweigert, das Trinken und Rauchen aufzugeben, bis ihr Körper schließlich einfach versagte. Sie hinterließ ihrem Ehemann John und ihren drei Kindern ein großes Chaos. Vor ihrem Tod sagte sie ihrer Familie, sie wolle „keine Trauerfeier und keine Zeremonie, nichts von dem sentimentalen Getue. Werft meinen Körper einfach weg."

Brendas Mann war so wütend, dass er ihren Wünschen am liebsten entsprochen hätte und sie ohne Zeremoniell einäschern lassen wollte. Aber einer ihrer Söhne war lange in Bali gewesen und hatte dort vielen Ritualen für Verstorbene beigewohnt. Der Gedanke, dass es keine Zeremonie geben sollte, entsetzte ihn. Er hielt es für wichtig, seine Mutter zu würdigen und mit sich ins Reine zu kommen. Er bat seinen Vater, sich die Sache noch einmal zu überlegen, und dieser gab schließlich nach.

Anfangs hatte die Familie keine Ahnung, wie sie eine Zeremonie entwerfen sollte. Deshalb setzten sie sich zusammen und fingen an, über die guten Zeiten in Brendas Leben zu sprechen. John erinnerte sich an eine wirklich schöne Reise mit Brenda nach Lateinamerika. In einem Dorf wurden die beiden Zeugen einer Trauerfeier, die sie tief berührte. Die kleine Beisetzungskapelle war mit Hunderten von Kerzen und Rosenblättern geschmückt gewesen.

Um das Gefühl dieses weit entfernten Ortes heraufzubeschwören, mietete die Familie eine alte, leer stehende Kirche am Stadtrand von Boston. Der Sohn schnitzte eine Puppe, die mit in den Sarg der Mutter sollte, und auch die anderen Familienmitglieder brachten etwas Persönliches mit, das sie in den Sarg legen wollten. Weil es Winter war, musste John drei Stunden zu einem Blumengroßhändler fahren. Er kehrte mit einer Wagenladung Rosen zurück. Die Familie pflückte die Blütenblätter von den

Stielen und legte sie in Körbe. Sie schmückten die ganze Kirche mit Hunderten von Kerzen und mit den Rosenblättern. Bei ihrer Arbeit sprachen sie über Brenda und über das, was sie ihnen gegeben hatte. Der Prozess des Vergebens und Annehmens war eingeleitet. Dann gingen alle zusammen zum Krematorium und beobachteten durch das Besichtigungsfenster, wie Brendas Körper verbrannt wurde.

Bei der Gedenkfeier, die ein paar Tage später stattfand, brannten Hunderte von Kerzen, und der Duft der Rosen füllte die Kirche. Es waren viele Menschen gekommen, die Brenda liebten. Es gab keine Rednerliste, aber die Leute standen einfach auf und redeten. John, der gewöhnlich sehr schüchtern war, sprach mit großer Beredsamkeit. Er hatte etwas Besonderes geschaffen und konnte nun seine Wut auf seine so unnötig gestorbene Frau überwinden und seine Liebe öffentlich bekennen.

Eine Gedenkfeier sollte die Persönlichkeit des Verstorbenen widerspiegeln. Sie sollte seine Seele, seinen Charakter, sein Wesen zum Ausdruck bringen. Es gibt viele Möglichkeiten. So lassen sich Medien und andere Mittel des schöpferischen Ausdrucks einsetzen, wie beispielsweise Musik, Lieder, Gedichte, Geschichten oder Wandmalereien.

Renee Fowler war eine warmherzige, muntere, fürsorgliche Frau, die eine zentrale Rolle in ihrer Gemeinde spielte. Renee tanzte und sang sehr gern; gemeinsam mit ihrem Ehemann Stephen Fowler war sie ein engagiertes Mitglied ihres Gemeindechors.

Stephen schrieb nach Renees Tod ein Gedicht, das später vertont und vom Gemeindechor vorgetragen wurde. „In ihrem letzten Lebensjahr konnte Renee kaum gehen, geschweige denn tanzen", erinnert sich Stephen. „Für mich gipfelt das Lied in der Andeutung, dass ein Teil von ihr jetzt „in der Brise" tanzt. Auch jetzt ist es mir noch nicht möglich, das zu schreiben, ohne dass mir die Tränen kommen. Robin Eschner, ein Mitglied des Chors, nahm diesen Satz auf, übergab es den Alt- und Sopranstimmen und verdichtete es zu einem sehr schönen und langen Crescendo. Ein Männerchor summte im Hintergrund, und eine Zimbel sorgte für altehrwürdige Eleganz. Dadurch dass ich dieses Stück mit meinen Freunden und unserer Tochter aufführen konnte, gelang es mir, meinen Kummer zu transzendieren. Das verdanke ich der öffentlichen Anerkennung meiner Trauer und dem Wunder der Kunst. Kein Therapeut hätte mir das geben können, auch wenn ich mich bei ihm noch so sehr ausgeheult hätte."

Rituale müssen nicht auf die Trauer- oder Gedenkfeier beschränkt sein. In vielen Traditionen werden die Toten jedes Jahr geehrt und in Erinnerung gebracht. Einige dieser Traditionen können hilfreich sein und uns auf Ideen bringen, die wir uns für unsere eigenen Rituale ausborgen können.

Zwei Tage im Jahr sind speziell den Toten gewidmet: Allerheiligen, der erste November, und Allerseelen, der zweite November. In Mexiko feiert man an diesen beiden Tagen sogar Partys für die Toten. Die Friedhöfe werden sauber gemacht und die Grabsteine bemalt und mit Kerzen und Blumen geschmückt, um eine lichte, feierliche Atmosphäre zu schaffen. Leckerbissen, Naschwerk, heimische Früchte und Blumen werden in den größten Raum im Haus gelegt, in der Hoffnung, dass die Toten den süßen Duft und die reichhaltigen Geschenke zu schätzen wissen. An einigen Orten wird getanzt und ein Feuerwerk gezündet; einheimische Künstler schreiben Lieder und Gedichte oder machen Skulpturen, die als religiöse Gaben den Toten angeboten werden.

Padi Selwyn lieh sich ein bisschen von diesem Konzept für die Enthüllung ihrer Großmutter aus. In der jüdischen Tradition entfernt die Familie elf Monate nach der Beisetzung das Tuch, das den Grabstein bedeckt. Padis Großmutter hatte Himbeeren geliebt, und Padi brachte eine große Schüssel mit den süßen roten Beeren und bot sie der Familie und den Freunden am Grab an. Die übrig gebliebenen Beeren wurden als Teil der Zeremonie auf dem Grab verstreut. „Das hat die Feier persönlich gemacht und brachte uns unsere Großmutter lebhaft ins Gedächtnis zurück. Die Teilnahme an etwas, was sie so gern gehabt hatte, brachte uns ihr näher.“

Gloria, eine Presbyterianerin, die ihr vierjähriges Kind vor vielen Jahren in einem Dezember verloren hatte, erzählte einem Rabbi, wie elend sie sich immer an den Feiertagen fühlte. Er meinte, dass eine der jüdischen Traditionen ihr helfen könnte. Am Todestag eines geliebten Menschen wird eine Gedenkkerze angezündet, die so genannte Yartzheitkerze. Man lässt sie vierundzwanzig Stunden lang brennen. In dieser Zeit denkt man an den geliebten Menschen und erzählt einander Geschichten. Um Neujahr herum traf Gloria den Rabbi wieder und erzählte ihm, dass sie seine Anregung befolgt und am Todestag ihrer Tochter, dem zehnten Dezember, eine Kerze angezündet hatte. Sie sagte ihm, dass sie zum ersten Mal seit fünfzehn Jahren Weihnachten wieder genossen hatte. Endlich hatte Gloria einen Tag, an dem für sie Trauer angesagt war.

Ich hoffe, dass ihnen die Geschichten in diesem Kapitel als Anregung dienen können, wenn Sie mit dem Trauma des Todes konfrontiert sind. Ein feinfühlig und sorgfältig begangenes Todesritual erleichtert nicht nur den Heilungsprozess, sondern sorgt auch für ein klares, rundes Bild der verstorbenen Person. Ein Todesritual schafft Struktur und Trost. Es ist lebensbejahend und hat die Kraft zur Transformation; es bietet viel Gelegenheit, das Einzigartige der verstorbenen Person zu würdigen. Ein gut gemachtes Todesritual ist wie ein innig geliebter Stein, den man bei sich in der Jacken- oder Hosentasche umherträgt, eine wichtige Erinnerung, die zur Verfügung steht, wenn wir sie brauchen.

Die Bäume meiner Frau

Vers 1

Eines Tages begruben wird die Asche meiner Frau
Unter Erdbeerbäumen, Eichen und Lorbeer.
Ihre Wurzeln reichen hinunter bis zu der Asche jener,
Die mein unwissendes Herz lieben lehrte.
Ach, Liebe!

Vers 2

Ich glättete die Erde um die Stelle herum,
Eine Tochter pflanzte Vergissmeinnicht.
Ihre Wurzeln reichen bis hinunter zur Asche jener,
Die mein unwissendes Herz lieben lehrte.
Ach, Liebe!

Chor:

Asche, Staub, Tod, Rost
Ihnen müssen wir vertrauen,
Denn gefallene Blätter sind die beste Nahrung
Für neue Blätter, die jetzt in der Brise tanzen
Hoch oben in den Kronen der Bäume meiner Frau.

Stephen Fowler

Kapitel 5:

Den eigenen Abschied planen

Langsam wird uns bewusst, dass wir unsere letzte Reise selbst gestalten können, und damit verändern sich auch die Trauerrituale - zunächst vielleicht fast unbemerkt. Dieser gesunde Trend bedarf unserer Unterstützung, unseres Beifalls und unserer Ermutigung. Immer mehr Menschen schaffen sinnvolle Alternativen zu den traditionellen Ritualen, die den Tod eines Menschen begleiten, und machen damit den Abschied von diesem Menschen unvergesslich.

Nur zehn Prozent der Bevölkerung stirbt eines plötzlichen Todes. Den anderen Menschen bleibt jede Menge Zeit, für ihr Lebensende vorzusorgen. Trotzdem ignorieren die meisten das Thema völlig. Die große Mehrheit der Amerikaner hinterlässt nicht einmal ein Testament, von Anweisungen für das Begräbnis oder die Trauerfeier ganz zu schweigen. Vielleicht spüren Sie aber doch den Wunsch, sich nicht nur um die in Kapitel Zwei besprochenen praktischen Dinge zu kümmern, sondern darüber hinaus Richtlinien für die eigene Gedenkfeier zu hinterlassen. Die Planung Ihrer Feier kann ein wertvolles Geschenk an Sie selbst und Ihre Lieben sein. Denken Sie über Ihren Abschied nach - wünschen Sie ihn sich flammend leidenschaftlich oder eher dezent oder irgendwo dazwischen? Dies ist auch eine gute Übung für den Fall, dass Sie eine Zeremonie für jemand anderen zu entwerfen haben. Es ist eine gesunde, befreiende Übung und hat sicherlich nichts mit Todesbesessenheit zu tun. Es ist ein spielerischer Tanz mit einem alten Feind. Von Zeit zu Zeit überdenke ich mein Leben mit Blick auf mein Todesritual und frage mich dann, was mir am meisten am Herzen liegt und was ich an Wert hinterlassen möchte. Ich schaue mir meine Schätze an, die mir Freunde geschenkt haben, und Dinge, die ich selbst gemacht oder erworben habe und die für mich eine besondere Bedeutung haben. Ich habe viele Kunstwerke gesammelt und überlege mir, wer sich nach meinem Tod über sie freuen könnte. Ich denke darüber nach, welche Zeremonie Familie und Freunde näher zusammenbringen kann, damit sie sehen, wie wunderbar sie sind. Diese Übung hilft mir, mein Leben im Gleichgewicht zu halten.

Vor sieben Jahren begann ich mit der Planung meiner Gedenkfeier. Als ich mit ein paar engen Freunden darüber sprach, war das zunächst eher befremdend, und da ich ein bisschen abergläubisch bin, hätte es mich nicht gewundert, wenn mich auf der Stelle der Blitz getroffen hätte. Aber dann tauschten wir in allen Einzelheiten Fantasien über unsere Begräbnisrituale aus, und das machte uns wirklich Spaß. Es brachte uns einander näher und half mir, offener mit meiner Familie zu sprechen.

Der Sarggarten

Als die Gespräche über das Sterben damals aufkamen, verspürte ich den Drang, in meinem Garten einen geheiligten Ort zu schaffen. Inzwischen ist dieser Ort für mich sehr wichtig geworden. Ich kann dort ganz natürlich Rituale abhalten und das Leben und den Tod feiern. Im Garten wandelt sich alles ständig. Nichts geht verloren. Die schönen Blumen welken, die köstlichen Beeren werden geerntet. Die Sträucher vertrocknen und werden im Frühling zurückgeschnitten, um das neue Wachstum und die neue Ernte im Herbst zu fördern. Viele Pflanzen enden auf einem Haufen mit gemähtem Gras, Küchenabfällen und Erde aus dem Wurmeimer. Alles wird in Kompost umgewandelt, in Nahrung für die nächste Ernte - für neue Gemüse, Beeren, Obst und Blumen.

Diesen geheiligten Ort nennen wir den Sarggarten. Im Zentrum ist eine Gartenlaube, die von einer mit Blumen bewachsenen Steinmauer umgeben ist. Mein Mann ist Bauunternehmer und machte eine Form aus Plexiglas. Sie dient uns dazu, sargförmige Pflanzkästen aus einem Gemisch von Vermikulit, Torfmoor und Beton herzustellen. Jeder Kasten ist üppig mit Blumen und Kräutern bepflanzt. Wir haben Betonquadrate mit Keramikscherben und selbstbemalten Fliesen verziert und um die sargähnlichen Kästen angeordnet. Diese Trittsteine herzustellen, machte uns so viel Spaß, dass wir einen Arbeitsplatz im Garten einrichteten und Freunde dazu einluden, uns beim Bemalen einer Fliese oder bei der Gestaltung eines Trittsteins zu helfen.

Fast alle Besucher sind irgendwie berührt von diesem Garten mit seiner Fülle von Obstbäumen und Blumen und dem ihn umgebenden Lavendel. Überall gibt es leuchtend goldene Calendula, eine besondere Ringelblumenart, mit der an Allerheiligen die Altäre geschmückt werden, kalifornischen Mohn und Gänseblümchen. Der Garten feiert die Zyklen des Lebens, indem er uns den Tod näher bringt und uns ständig daran erinnert, dass nichts wirklich stirbt.

Viele Besucher steuern spontan eine Geschichte bei, ein Gedicht oder eine erinnerungswürdige Todeszeremonie. Jemand spendete der begabten Musikerin und Naturliebhaberin Lou Gottleib zu Ehren eine Bank. Hier können Besucher in aller Ruhe über das Leben und den Tod nachdenken und dabei die Aussicht auf das Tal genießen. Meine alte Freundin Donna Freeman entwarf das Schild am Eingang mit der Inschrift: ‚Blühe, wo du gepflanzt bist.‘ Als David, der Pate meiner Enkelkinder, starb, legten wir ihm zu Ehren ein Blumenbeet an. Wir schnitzten eine Figur aus Holz, bemalten sie in leuchtenden Farben und stellten sie inmitten der Blumen auf. Die Figur stellt David dar. In der einen Hand hält sie einen Martini, in der anderen eine Zigarette. Wenn wir an Davids Blumenbeet vorbeigehen, sagen wir manchmal seinen Namen oder erzählen eine Geschichte. Das scheint den Kindern gut zu tun und hilft ihnen dabei, mit Davids Tod umzugehen. Außerdem wird die Erinnerung an ihn dadurch wachgehalten.

Delia brachte etwas von der Asche ihres Mannes in unseren Garten. Mit ihrer Tochter Amanda begrub sie die Asche unter einem Trompetenbaum und pflanzte zur Erinnerung an ihren Mann einen Rosmarinbusch. Ich hängte ein paar bunte Glasperlenketten an die Zweige des Baums und bemalte einen hölzernen Stern, um den Ort zu markieren. Meine Freundin Robin begrub etwas von der Asche ihrer Mutter unter einem Apfelbaum nahe beim Spargelbeet, da ihre Mutter beide sehr gern hatte. Dann gibt es noch einen Altar zu Ehren meines Vaters, einen kleinen Teich, Gebetsfahnen, einen Schädel, der mit kleinen glänzenden, in kräftigen Blau- und Orangetönen bemalten Glasstücken bedeckt ist, und viele andere künstlerische Beiträge.

Ich arbeite gerade an einem schwanenförmigen Sarg aus Weidenzweigen, in dem ich bei meiner Gedenkzeremonie aufgebahrt werden möchte, umschlossen von großen Schwanenflügeln. Bevor meine Zeit kommt, möchte ich meinen Sarg als Schaukelstuhl im Garten benutzen. Deshalb versehe ich ihn mit Rädern, so dass ich ihn umher bewegen kann. Ich werde in meinen Schwan gebettet unter einem Gitter liegen, das mit frisch gepflückten blauen, rosafarbenen und violetten Blumen bedeckt ist. An dem Patchwork-Gewand aus alten Kleidern und Stoffen, das ich tragen werde, arbeite ich schon seit zehn Jahren. (Ich bin eine sehr langsame Näherin.) Nach der Zeremonie werde ich in ein schön gewebtes Leichentuch eingehüllt, das uns im Moment gute Dienste als Tischdecke leistet, und eingeäschert werden.

Von meinen Freunden und meiner Familie im weiteren Sinne - sehr talentierte Leute übrigens - wünsche ich mir, dass sie kleine Parodien aufführen, Lieder singen, Geschichten erzählen und Musik zusammen spielen, und diesen Wunsch habe ich auch schriftlich festgehalten. Die Versammelten werden hoffentlich mit Begeisterung ‚Red River Valley', ‚Eagle When She Flies' und ‚Will the Circle Be Unbroken' singen.

Ich werde nicht alles im Voraus planen, da ich Improvisation schätze und meine Freunde dazu ermutigen möchte, ihre eigenen schöpferischen Kräfte anzuzapfen und unser Leben gemeinsam zu genießen. Einige Aspekte der Gedenkfeier empfinde ich jedoch als sehr wichtig; deshalb habe sie in einem Brief festgehalten, den ich zusammen mit meinem Testament aufbewahre. Ich möchte meiner Familie und meiner Gemeinde Gelegenheit geben, aktiv an meiner Gedenkfeier teilzunehmen. Wenn sich die Menschen versammeln, die ich liebe, um meinem Geist beim Abschied beizustehen, möchte ich, dass ihnen die Zeremonie Stärke und Freude verleiht und dass sie ihr eigenes Leben feiern.

Früher habe ich mir zu viele Sorgen um die praktischen Aspekte gemacht. Was, wenn ich zur falschen Jahreszeit sterbe und im Garten nichts blüht? Was, wenn ich in Indien sterbe oder in einem anderen fernen Land? Vielleicht sterbe ich ja auch erst mit Hundert, wenn meine engen Freunde und Familienmitglieder schon lange tot sind! Jetzt lerne ich, die praktischen Einzelheiten loszulassen und mich auf das zu konzentrieren, was ich gerne hätte, wenn ich auf der Stelle stürbe. Ich weiß, dass sich meine Wünsche im Laufe der Zeit und der jeweiligen Situation entsprechend verändern werden. Ursprünglich hatte ich ziemlich ausgefallene Fantasien, mit deren Verwirklichung sich meine Familie sicherlich schwer getan hätte. Nachdem ich meine Wünsche nun mit meinem Mann und meiner Tochter besprochen habe, habe ich mich ihren Vorstellungen etwas angepasst und werde ihnen wohl keine allzu großen Unannehmlichkeiten bereiten. Ich habe das Gefühl, dass sie jetzt ganz gut verstehen, was mir wichtig ist, und hoffe auf eine optimistische Zeremonie mit viel Tränen und Gelächter.

Wenn ich in meinem Garten stehe, brülle ich von Zeit zu Zeit: „Roll heran, Tod!" Diese Worte hörte ich zum ersten Mal von dem Meeresbiologen James Clegg,, der sie seinerseits von seinem Vater gelernt hatte. Sein Vater und dessen Kriegskameraden hatten sie auf den Schlachtfeldern des Ersten Weltkriegs gebrüllt, um sich Mut zu machen, und James (und jetzt ich) bekunden damit unsere Lebendigkeit.

Wenn Sie Ihren Abschied planen und darüber sprechen, dann dient das zum einen Ihrer Vorbereitung auf den Tod, zum anderen soll es aber auch Freunde und Familie anregen, die eigenen Vorbereitungen zu treffen. Es ist gut, Gespräche über den Tod anzukurbeln, weil sie uns helfen können, mit unseren Ängsten fertig zu werden. Ester B. Fein schrieb in *The New York Times:* „Im Voraus über den Tod zu sprechen, lindert den Schmerz über den Verlust einer Mutter, eines Kindes, eines nahen Freundes natürlich nicht. Doch wenn man das Thema meidet, wird nach Meinung vieler Gesundheitsexperten das Sterben für die Patienten und ihre Angehörigen oft noch traumatischer. Es verschlimmert den Verlust noch, den auch die sorgfältigste Planung niemals wettmachen kann."

Eins der größten Geschenke, die uns der Tod gewährt, sind neue Beziehungen, die beim Verlust eines nahen Freund entstehen können, oder auch die Festigung bestehender Beziehungen. Ob wir es wahrhaben oder nicht: Wir sind das Zentrum eines Netzes, das emotional auf unseren Trost und unsere Führung angewiesen ist. Wenn wir gehen, fehlt unserem Freundeskreis ein Mitglied, und unsere Freunde müssen ihr Unterstützungssystem neu erschaffen. Eine wahrhaft sinnvolle Zeremonie zur Feier Ihres Todes kann heilsam für Ihre Familie und Freunde sein und dabei helfen, sie in einer neuen Konstellation zusammen zu bringen.

Es ist leichter, den Gedanken an den Tod zu ertragen, wenn man mit anderen spricht und plant. Nach meiner Erfahrung erleichtert es die meisten Menschen, über den Tod zu sprechen, und zwar nicht nur mit ihrem Anwalt oder Steuerberater. Die Psychologin und Autorin Kathleen Dowling Singh bemerkt in ihrem Buch *The Grace in Dying*: „Die Bilder, die in unserer Kultur mit Tod und Sterben verknüpft sind, haben sich in den vergangenen Jahrzehnten subtil verändert. Bilder der umhüllenden Dunkelheit weichen nun Bildern von einem sich ausdehnenden Leuchten. Unsere Bilder vom Tod sind zunehmend lichterfüllt. Das Sterben entfernt sich aus dem Reich gewisperter Schatten und wird immer deutlicher zu einem Teilen mit offenen Augen.“

In diesem Kapitel bitte ich Sie, die Gestaltung Ihres letzten Rituals als Abschiedgeschenk an Sie selbst und Ihre Lieben zu betrachten. Mir ist klar, dass es nicht jedermanns Sache ist, die eigene Feier zu planen. Vielleicht sind Sie sogar recht froh und erleichtert, wenn sich andere um Ihren Abgang kümmern. Dann genügt es, in einer kleinen Notiz zu Ihrem Testament festzuhalten, dass Ihnen das Begräbnis nicht wichtig ist.

Vielleicht finden Sie, dass eine traditionelle Feier für Sie genau das Richtige ist. Es kann aber auch sein, dass es Ihnen momentan noch zu abenteuerlich oder zu kühn erscheint, den eigenen Abschied zu gestalten. Vielleicht machen Sie sich Sorgen, dass Sie Ihre Freunde oder Verwandten damit vor den Kopf stoßen oder Ihre Kinder in Verlegenheit bringen würden. Lesen Sie dieses Kapitel bitte trotzdem. Sie werden dabei erfahren, warum sich andere dazu entschlossen haben, ihre letzte Zeremonie selbst in die Hand zu nehmen. Es ist nicht einfach, den Pionier auf einem Gebiet zu spielen, mit dem man sich so selten offen und ehrlich auseinandersetzt, aber es lohnt sich, hier etwas zu riskieren.

Immer mehr Menschen hinterlassen neben einem Testament und anderen wichtigen Papieren auch Anweisungen für eine Gedenkfeier und ersparen damit ihren Hinterbliebenen unnötiges Rätselraten. Besonders wenn die Menschen vom Schmerz überwältigt sind, kann eine Erinnerung an die Wünsche des Verstorbenen von Nutzen sein. Wenn Menschen nicht mehr für sich sprechen können und die Hinterbliebenen auf die eigenen Auslegungen angewiesen sind, entsteht leicht Zwietracht und Stress. Wir alle kennen solche Horrorgeschichten und manche sogar aus den eigenen albtraumartigen Erfahrungen. Wenn alles aufgeschrieben ist, kommt es zu keiner Verwirrung darüber, ob man begraben oder einäschern soll, ob man die Welt einladen oder eine Zeremonie im kleinsten Kreise abhalten soll. Ihre Hinterbliebenen können dann sicher sein, dass sie Ihre Wünsche in Ehren halten.

Wenn Sie alles ausbuchstabiert haben, bleibt Ihren Hinterbliebenen mehr Zeit, sich mit den Ereignissen auseinander zu setzen und sich gegenseitig zu trösten, denn sie müssen nicht lange herumrätseln, was Sie nun eigentlich wollten. Das kann dem Seelenfrieden nur förderlich sein und dazu beitragen, den Stress und die Verwirrung in dieser schweren Zeit gering zu halten.

Die Künstlerin Madeleine Fitzpatrick von der San-Francisco-Bay erzählt uns, warum es so wichtig sein kann, selbst ein Ritual zu schaffen: „Ich war bei Versammlungen, von denen du weggehst und dich fühlst, als wärst du bei einer Hochzeit gewesen. Du bist in Hochstimmung, überwältigt von der Freude, dass du diesen Menschen gekannt hast. Und du erzählst jedem, dass du soeben von dem inspirierendsten Begräbnis der Welt kommst und dich in Hochstimmung für das Leben befindest." Starke Todesrituale können die Menschen sehr berühren. Die Zeremonie kann Sie beflügeln und dazu bringen, die wunderbaren Gaben Ihres Lebens viel stärker zu würdigen. Sie kann Sie anspornen, das eigene Leben reicher zu machen und Ihre Träume jetzt zu verwirklichen.

Wenn Sie Ihr Leben in Ordnung bringen, werden Sie im Idealfall auch einige Aspekte Ihrer eigenen Gedenkfeier planen, ja vielleicht sogar die komplette Feier. Damit setzen Sie jeder Zweideutigkeit über das Wie, Wo und Wann ein Ende. Viele empfinden die Planung ihrer eigenen Gedächtnisfeier als Bereicherung ihres Lebens. Sie halten es für wichtig, die geheiligten Ereignisse, die ihr Leben definieren, selbst in die Hand zu nehmen.

Hier ein paar hilfreiche Ideen, wenn Sie darüber nachdenken, welches Ritual Ihnen am besten entspricht.

Grabinschrift

Schreiben Sie Ihre Grabinschrift. Diese Übung stellt Sie vor eine Herausforderung, da Sie Ihr ganzes Leben mit ein paar Worten zusammenfassen müssen. Wenn Ihr Leben Ihnen zu farblos erscheint, haben Sie jetzt noch Zeit, es mit Regenbogen zu füllen. Sie sollten Ihr Epitaph jedes Jahr - vielleicht an Ihrem Geburtstag - überprüfen und schauen, was sich verändert hat. Feilen Sie an den Worten.

Jude Winerip Mariah schrieb in einem Seminar über den Tod, das sie am College belegte, einen Aufsatz über Grabsteine, entwarf ihren eigenen Grabstein und ließ diesen von ihrem Freund meißeln. Jude schrieb ihr Epitaph und dachte darüber nach, wen sie auf Ihrem Begräbnis haben wollte und was gesagt werden sollte. Jude lacht, wenn sie sich daran erinnert: „Ich neckte meine Freunde und erzählte ihnen, dass ich auf meinem eigenen Begräbnis Disc-Jockey spielen wollte. Ich wählte die gesamte Musik aus - von Bette Midler bis Louis Armstrong. Am allerwichtigsten ist mir, dass die Leute eine Ahnung haben, wer ich bin, wenn wir Abschied von einander nehmen, und ich möchte das selbst auch wissen und ihnen danken können, dass sie in meinem Leben sind. Das ist mir klar geworden."

Der Sarg

Vielleicht möchten Sie Ihren eigenen Sarg anfertigen oder einen bestellen. Eine meiner Freundinnen benutzt ihren Sarg als Kaffeetisch. Von Zeit zu Zeit legt sie sich hinein, da sie dadurch ihre Angst vor dem Sterben überwinden kann. Es hilft ihr auch, dem Unvermeidlichen ins Auge zu sehen, wenn sie über den Tod sprechen kann, und ein Gespräch bleibt nie aus, wenn der Sarg als Kaffeetisch dient.

Es gibt sehr preiswerte Särge aus Pappe. Sie sind zusammengefaltet und lassen sich leicht aufbewahren. Manche Leute finden es ganz praktisch und im Sinne der Hinterbliebenen, wenn schon einer im Haus bereit steht.

Die Urne

Ich habe Leute dazu eingeladen, Liebeszeichen in Form von Edelsteinen, Gedichten, Steinen, Knöpfen oder Keramik beizutragen, die in meine Urne gelegt werden sollen. Mir gefällt die Vorstellung, dass meine Asche in diesem besonderen Gefäß von kleinen Geschenken meiner Freunde und Familienmitglieder umgeben ist. Die Urne selbst wurde in Indonesien hergestellt und steht am Ende unseres Esszimmertisches.

Vielleicht modellieren Sie eine Urne für Ihre Asche aus Ton, Knetgummi oder einem anderen Material; vielleicht besitzen Sie sogar den Ehrgeiz, eine zu meißeln. Sie können auch Ihre Freunde bitten, ein gekauftes Gefäß zu verschönern. Es lässt sich jetzt als Vase benutzen und kann später zur Aufbewahrung Ihrer Asche dienen.

Asche zu Asche

Es gibt viele ergreifende und sogar humorvolle Geschichten darüber, wie Menschen sich die Entsorgung ihrer Asche wünschen. Gewehrkugeln für die Jagd wurden aus Asche hergestellt; Tabak- und Keksdosen, Kameras, Kegel und Lockvögel für die Entenjagd dienten als Aschenbehälter. Man hat Asche aus Flugzeugen und Heißluftballons und über Gräber geliebter Haustiere verstreut und in handgearbeiteten hohlen Gehängen aufbewahrt. Asche wurde mit Keramikglasur vermischt und in die Oberfläche von Töpferwaren eingearbeitet.

Mein Nachbar John liebte Oldtimer. Als er starb, verstaute seine Familie die Asche in einem Pokal, den er bei einem Rennen gewonnen hatte und der jetzt auf dem Rücksitz seines liebevoll restaurierten Ford Roadster steht. Mindestens zwei Mal pro Jahr fährt die Familie mit dem Ford zu Johns liebstem Oldtimertreffen und lädt seine Freunde dazu ein, auf dem Rücksitz bei der Urne zu sitzen.

Ein Pyrotechniker wollte als gigantischer Knallfrosch abtreten und wünschte sich, dass seine Asche in einer großen runden Hülse bei einem großen Feuerwerk explodieren und als funkelnd bunte Sterne vom Himmel regnen sollte. Gene Roddenberry und Timothy Leary fanden Gefallen an einer Weltraumbestattung, bei der eine Pegasusrakete eine kleine, mit etwas Asche gefüllte Aluminiumkapsel in die Erdumlaufbahn schießen sollte.

Manche Leute hinterlassen nur die nötigsten Anweisungen, z.B.: „Streut meine Asche ins Meer." Oder: „Begrabt mich unter einem Rosenstrauch." Andere schildern ihre Wünsche in allen Einzelheiten - wer eingeladen werden soll, welche Musik und welche Blumen sie sich vorstellen, in welcher Kleidung sie bestattet werden wollen, wer den Sarg tragen soll etc.

Wieder andere haben Fantasien, die aus rechtlichen Gründen heute noch nicht realisierbar wären, die sich aber vielleicht nach ihrem Tod in die Tat umsetzen lassen. Die Reformen, die in der Begräbnisindustrie angestoßen wurden, und die alternativen Gedächtnisfeiern und Bestattungen, die sich langsam durchsetzen, sorgen dafür, dass wir im Laufe der nächsten zehn Jahren immer mehr Möglichkeiten haben werden.

Bronwyn hat ihre eigene Todesfantasie: „Ich möchte, dass mich mein Mann und meine Tochter im Schwimmbad bei Harbin Hot Springs im Norden Kaliforniens auf dem Wasser gleiten lassen. Sie werden mich halten, während ich mich im warmen Wasser wiege und zu einem herrlichen überhängenden Feigenbaum aufblicke, durch dessen Blätterwerk das Licht dringt. Das wäre die allerschönste letzte Reise für mich. Wir machen das mit Babys...wir bringen Babys im Wasser zur Welt...wir könnten Tote auch im Wasser gehen lassen." Eines Tages vielleicht, Bronwyn.

Hanya Parker wuchs bei ihren russischen Großeltern auf einem Bauernhof in Arizona auf. Das Zentrum ihrer ländlichen Gemeinde war die Kirche. „Ich erinnere mich an einige der alten Rituale, aber meine Erinnerungen stammen noch aus meinen Jugendjahren, da ich mit Anfang Zwanzig aus der Kirche austrat. Ich weiß, dass man Totenwache hielt, wenn jemand starb, damit immer jemand bei dem Toten war. Das Haus stand die ganze Zeit offen, und die Leute konnten kommen und einen Besuch abstatten. Ich möchte, dass das auch Teil meines Rituals wird. Am dritten Tag machten sie eine Prozession. Sie sangen und beteten, als sie den Sarg auf den Friedhof trugen. Bei der Beerdigung waren alle in Weiß gekleidet, und das finde ich auch eine schöne Idee.

Ich kann jetzt dorthin zurückgehen und schauen, wo meine Mutter und Großeltern und Tanten und Onkel beerdigt sind - alle sind zusammen, und das finde ich wirklich schön. Es gibt etwas in mir, das auch dorthin möchte, aber im Moment glaube ich, dass ich lieber zu Hause begraben werden möchte. Ich möchte ein einfaches weißes Kleid tragen und barfuss sein. Eins der Rituale, die ich gern übernehmen möchte, ist das Liebesfest - das gemeinsame Brechen des Brotes. Ich möchte einen langen Tisch mit einem weißen Tischtuch, und es soll alles draußen stattfinden. Ich möchte, dass meine Freunde und Familie ein paar traurige und dann viele fröhliche Lieder singen.

Ich hoffe, dass ich bei meinen geliebten Obstbäumen, Gemüsen und Blumen eingepflanzt werden kann, wenn ich gestorben bin. Mein Kleid und mein Haar sollen über und über mit Blüten bedeckt sein. Ich hasse es, wenn man zum Friedhof geht - der Sarg ist da, man spricht ein paar Gebete, küsst und umarmt jeden und geht dann wieder. Ich möchte in die Erde gesenkt werden. Ich möchte im wahrsten Sinne des Wortes eingepflanzt werden. Ich möchte, dass meine Freunde das für mich tun.“

In Hanyas Leben dreht sich alles um die Schönheit der Umgebung. Diese drückt sich in ihren Landschaftsbildern und in dem spektakulären Garten aus, den sie geschaffen hat. Ihr Ritual ist nur eine natürliche Verlängerung dessen, was ihr wichtig ist. Und selbst wenn sie aus rechtlichen Gründen nicht im eigenen Garten begraben werden kann, wissen ihre Familie und ihre Freunde, was Hanya sich wünscht.

Hanya wurde von ihrem Kunstprofessor Bill Norehouse dazu inspiriert, ein eigenes Ritual zu schaffen. Dessen Wissen von seinem bevorstehenden Tod war ihm treibende Kraft und gleichzeitig eine Gelegenheit, den eigenen Abschied zu planen. Mit der Hilfe seiner Frau, seiner Freunde, Kollegen (darunter viele bekannte Künstler) und Betreuer ließ Bill Briefe verschicken. Die Leute wurden eingeladen, in seinem Studio ein magisches Quadrat auf seinen handgefertigten Sarg zu malen oder etwas zu schicken, das mit ihm eingeäschert werden sollte. Er erhielt daraufhin Post aus der ganzen Welt. Geschenkt wurde so ziemlich alles, was man sich vorstellen kann - von der aus Elfenbein geschnitzten Friedenspfeife bis hin zum sorgfältig gearbeiteten Herz-As aus Keramik. Im Laufe einiger Monate verwandelte sich eine simple Holzkiste in ein unglaublich schönes und komplexes Kunstwerk. Jemand malte ein Boot, das Bill auf seiner Reise als Fahrzeug dienen sollte. Ein anderer Künstler malte eine sehr abstrakte Himmelskarte mit tanzenden Figuren am oberen Rand. Seine Frau Michele malte ein Wolkenhaus zum Wohnen und Träumen. Sein bester Freund malte die ganze Musik und den Text von „Streets of Laredo“. (Bill liebte dieses Lied und sang es sehr gern.) Gemalte Werkzeuge sollten ihm dabei helfen, sein Leben in den neuen Sphären aufzubauen. Man malte ihm Fenster zum Hinausschauen und Manuskripte zum Lesen. Sein Sohn Mark schrieb einfach unten auf den Sarg: „Ich liebe dich, Bill.“ Die Worte, die sich so schwer hatten aussprechen lassen, gehörten nun zu den fröhlichsten und liebenswert unkompliziertesten Feststellungen. Vor Bills Einäscherung wurde der Sarg dokumentiert, fotografiert und bei einer Abendfeier an der Sonoma State University in Nordkalifornien ausgestellt, wo Bill viele Jahre gelehrt hatte.

Neben dem Bett waren die vielen kleinen Geschenke aufgehäuft, die Bill in seinen letzten Monaten von seinen Freunden erhalten hatte: Gedichte, Kassetten, Muscheln und Fotos. Er wollte, dass sie alle zu ihm in den Sarg gelegt wurden, damit sie zu seiner Asche kamen. Bill erfuhr, dass mit einer bestimmten Genehmigung jeder einen lieben Verstorbenen zum Begräbnis oder zum Krematorium fahren kann, und bat seine Freundin Joy, ihn zum Krematorium zu „begleiten" und bei ihm zu bleiben, während er eingeäschert wurde. Die Vorstellung, „weggekarrt" zu werden, gefiel ihm nicht besonders. Joy fuhr ihn zur Neptun Society und bewachte ihn liebevoll. Da Bill Schotte war, fand er es besonders gut, dass alles nur 160 Dollar kostete!

Ich hatte Bill seit Jahren geliebt und bewundert und nahm an der Gedenkfeier teil, die an der windigen kalifornischen Küste abgehalten wurde. Wir sangen „Amazing Grace" und hörten aus der Ferne den Dudelsack, den Bill bereits Monate vor seinem Tod bestellt hatte. Der Musiker hatte noch an Bills Totenbett die Stücke geprobt, die Bill ausgewählt hatte.

Wer sprachen wollte, tat dies, und dann lud Michele alle dazu ein, die Asche zu verstreuen. Hanya erinnert sich: „Der Wind wehte erst richtig, als wir bereit waren, die Asche zu verstreuen, und plötzlich blies er die Asche zu uns zurück. Es war herrlich! Am Ende umarmten wir einander, und dann sahen wir, dass wir Palmendrucke aus Asche auf unserer Kleidung hatten. Die Leute sagten, dass sie ihre Sachen nicht in die Reinigung geben wollten.

Bill hatte so viele Menschen inspiriert, die noch jetzt, Jahre nach seinem Tod, von seinem Todesritual sprechen. Wir hatten das Glück, bei der Vorbereitung von seinem Abschied mithelfen zu können. Die Tatsache, dass Bill mit dem eigenen Sarg lebte, half ihm, mit dem Tod klar zu kommen, und milderte seine Ängste etwas. Er war im Leben für viele ein Lehrer gewesen, und im Sterben zeigte er uns, wie wertvoll das Leben ist.

Elizabeth Quandt, eine ausgezeichnete Graphikerin, Aquarellistin und beliebte Lehrerin, plante eine sehr sorgfältig ausgefeilte und formelle Gedächtnisfeier im Auditorium eines Gymnasiums. Die Zeremonie bestand aus einer Teeparty in einer nahe gelegenen Kunstgalerie. Man hatte wundervolle Bücher ausgestellt, die sie als Künstlerin mit eigenen Händen geschaffen hatte. Nachdem ein kleines Liederensemble ein paar wunderbare klassische Stücke vorgetragen hatte, spielte eine liebe Freundin auf Elizabeths Wunsch hin ausgewählte Klavierstücke. Andere Freunde und Familienmitglieder lasen sorgfältig ausgewählte Gedichte, die für Elizabeth von tiefer Bedeutung waren und die sie bei ihrem künstlerischen Schaffen inspiriert hatten.

Elizabeths Tochter Kristina sagte, ihre Mutter habe ein kompliziertes Leben geführt und großen Einfluss auf das Leben von Menschen gehabt, wobei sie ganz unterschiedliche Rollen gespielt habe. Es war wichtig, ihren Abschied zu würdigen, ohne die Menschen ihrer persönlichen Erfahrungen zu berauben. Jeder sollte mit dem Gefühl gehen, dass die Geschichte erzählt worden war, auf die alle gewartet hatten.

Der eindrucksvollste Beitrag stammte von Elizabeths Sohn Ward. Er spielte am Ende der Feier eine Kassette, die sie auf ihrem Sterbebett aufgenommen hatte. Mit ihrer seelenvollen Stimme rezitierte sie das Gedicht „The Wild Swans it Coole“ von William Butler Yeats.

Man muss kein Künstler sein, um das eigene Ritual schaffen zu können. In dieser Zeit der großen Veränderungen wird sich unser Bewusstsein vom Tod genauso wie unser Bewusstsein von anderen geheiligten Übergängen rasch entfalten. Immer mehr Menschen gestalten ihren eigenen Abgang, andere werden es ihnen gleichtun, und wir alle werden uns in der Nähe des Todes wohler fühlen können.

Rituale müssen nicht ausgefeilt sein; genauso wenig müssen sie Teil des Sterbeprozesses sein, wie das bei Bill und Elizabeth der

Fall war. Wer nicht an einer tödlichen Krankheit leidet, wird sein Denken und seine Wünsche im Hinblick auf den letzten Abschied wahrscheinlich noch mehr als ein Mal über den Haufen werfen. Ich ermutige Sie, Ihre Gedanken aufzuschreiben und mit Ihren Lieben immer wieder über Ihre sich wandelnden Wünsche zu sprechen.

Richard wollte überhaupt keine Zeremonie, nahm seinen Abschied aber trotzdem selbst in die Hand. Deshalb hinterließ er sehr ausführliche Anweisungen, die nach seinem Tod ausgeführt werden wollten. Zur Testamentsverlesung wurden ausgewählte Freunde bestellt, von denen die meisten einander nie gesehen hatten. Sie repräsentierten verschiedene Etappen seines Berufslebens, verschiedene Wohnorte und verschiedene Lebensphasen. Da Richard weder nahe Verwandte noch Kinder hatte, verfügte er im Testament, dass sein großer Besitz verkauft und mit den Einnahmen für seine Freunde eine Reise im Orientexpress finanziert werden sollte.

Da Richard sehr gern erster Klasse reiste und ihm viel an den Freunden lag, die sein Leben so sehr bereichert hatten, dachte er mit großem Vergnügen an diese Reise und an die Freundschaften, die sich aus ihr ergeben konnten. Ein knappes Jahr nach Richards Tod machten sich die Freunde gemeinsam auf die Reise. Indem sie ihm seinen großzügigen Wunsch erfüllten, ehrten sie das Leben eines Mannes, der sehr gern gereist war und dem es Freude gemacht hatte, sich besondere Zusammenkünfte für Menschen auszudenken, die ihm am Herzen lagen.

Für Madeleine Fitzpatrick ist es sehr wichtig, das eigene Begräbnis selbst zu gestalten. Madeleine lebt ihr Leben in vollen Zügen und mit großer Begeisterung und empfindet die gleiche Freude, wenn es um die Planung ihrer eigenen Gedenkfeier geht. „Bei meinem Begräbnis wird eine fantastische Bauchtänzerin auftreten. Und es wird leckeres Essen geben. Ich möchte, dass alle sich wirklich wohl fühlen. Ein Leichenwagen soll in einen

Engel mit großen Flügeln verwandelt werden. Ich habe wunderbare Musik ausgewählt. Die Energie eines Kreises finde ich auch gut. Ein sprechender Stock ist eine schöne Idee, das heißt statt eines Stocks sollten wir etwas Persönliches von mir verwenden. Etwas, was mit meiner Energie aufgeladen ist und was meinem Herzen nahe ist. Es soll herumgereicht werden; wer etwas sagen möchte, nimmt es in die Hand. Ich habe auch schon alle Kleider ausgesucht, die ich tragen möchte, falls ich sehr schnell sterben sollte."

Carole möchte auf Rosen- und Lavendelblüten gebettet werden. Ihr Kopf soll auf einem blauen, mit Moos gefüllten Seidenkissen in ihrer ‚fliegenden Schildkröte' ruhen - einem Boot, das sie gebaut hat und das ihr als Sarg dienen wird. Es wird vor ihrem brennenden Kamin stehen, umgeben von einem Meer von Kerzen. Bei der Totenwache werden ihre Freunde Gelegenheit haben, auf Postkarten zu schreiben oder zu malen, und wenn sie möchten, können sie Carole berühren und ihr die Karten mit auf die Reise geben. Carole bewahrt eine ständig aktualisierte Wunschliste in ihrem Boot auf. Sie hat auch aufgeschrieben, wie sie ihre Asche verstreut haben möchte. Freunde und Familie brauchen sich keine Sorgen darüber zu machen, wo sie die Anweisungen einmal finden können.

Carole, auf deren Visitenkarte ‚Live Art' steht, stellt fest: „Ich mache meine Wünsche hauptsächlich deshalb so klar, weil ich mithelfen möchte, das Tabu zu durchbrechen, das in unserer Kultur den Tod und unsere dunklen Seiten umgibt. Meiner Meinung nach gibt es einen Zusammenhang zwischen dem Unbehagen, das wir angesichts des Todes empfinden, und unserem Unvermögen, ein zeitgemäßes, ehrliches, sinnvolles Leben wertzuschätzen."

Ihr eigenes Ritual sollte Ihre Persönlichkeit und ihr Leben widerspiegeln, so dass die Trauernden das feiern können, was Sie einzigartig macht. Seien Sie in Ihren Vorstellungen so wild oder so zahm, wie Sie sein möchten, und besprechen Sie Ihre Ideen mit den Menschen, deren Meinung Ihnen teuer ist. Sie können Kopien aus diesem Buch als eine Art Informationspaket über den Tod verschicken, und Ihre Freunde dazu einladen, sich an der Gestaltung persönlicher Rituale für alle zu beteiligen. Es wird Ihnen auf diese Weise leichter fallen, über sinnvolle Schritte zu sprechen. Allein das Sprechen über Ihre Ideen kann schon befreiend wirken und Sie enger mit ihren Lieben zusammenschweißen. Ihre Freunde können Ihre Ideen noch weiter ausschmücken, und umgekehrt können Sie ihre Lieben dazu inspirieren, den eigenen Abschied zu planen. Um sicher zu sein, dass sich Ihre Fantasie auch verwirklichen lässt, können Sie sich über die rechtliche Situation kundig machen.

Als Joel, der Sohn von Rabbi Robinson, in jungen Jahren bei einem Unfall ums Leben kam, bat sein Vater Freunde und Familie bei der Beerdigung um zweierlei: „Umarmen Sie mich und erzählen Sie Geschichten von Joel." Denn: „Auch wenn Sie Ihrer Ehefrau oder Ihrem Ehemann, Ihrem Kind oder Freund sehr nahe stehen, verbringen diese nicht ihre ganze Zeit in Ihrer physischen Nähe. Wenn jemand eine Geschichte erzählt, erhalten Sie ein Puzzlestück, das Sie vorher noch nicht hatten. Jeder sieht Ihre Lieben in einer anderen Situation. Jeder kann Ihnen ein Stück aus ihrem Leben geben. Es ist ein unglaubliches Geschenk."

Sie können ein Ritual schaffen, das die vielgestaltigen Facetten Ihres Lebens zusammenfügt und den Hinterbliebenen hilft, einen guten Schlussstrich zu ziehen. Wenn sich Familienmitglieder und Freunde aus den verschiedenen Bereichen Ihres Lebens versammeln, um an Sie zu denken, ist das für sie vielleicht eine einzigartige Gelegenheit, über alle Aspekte Ihres Lebens etwas zu hören. Zum ersten Mal kann ein vollständiges Bild von Ihnen entstehen, und Sie werden dazu beigetragen haben, es zusammenzufügen.

Hier ein paar Fragen, die Sie sich stellen können, wenn Sie Ihren Abschied planen:

1. Möchten Sie beerdigt oder eingeäschert werden? Offener oder geschlossener Sarg? Möchten Sie Organe spenden und/oder Ihren Körper der Wissenschaft zur Verfügung stellen? Möchten Sie einen handgearbeiteten, einen verzierten Sarg? Was soll mit Ihrer Asche geschehen? Soll sie von einem Berggipfel aus verstreut werden, in einen ‚Streugarten' gebracht werden, an Ihre Freunde verteilt und in deren Gedächtnisgärten verstreut oder gepflanzt werden? Soll die Gedenkfeier am Grab, in einer Leichenhalle oder an einem anderen Ort stattfinden? Gibt es einen Ort, der für Sie besondere Bedeutung hat? Ein Garten, ein Hain, der Strand, Ihr Zuhause?
2. Legen Sie Wert auf besondere Kleidung? Möchten Sie Ihren Nachruf selbst schreiben, oder möchten Sie, dass jemand ihn schon jetzt vorbereitet? Haben Sie eine Inschrift für Ihren Grabstein gewählt? Möchten Sie Ihre eigene, persönliche Inschrift von einem Künstler gestalten lassen?
3. Gibt es Literatur, Geschichten, Musikstücke, die bei Ihrer Gedenkfeier vorgetragen werden sollen? Die folgende Liste enthält Ideen für die Gestaltung einer Gedenkfeier:
   ~ eine auf Kassette oder Video aufgenommene Botschaft an Ihre Lieben
   ~ Fotos oder Fotoalben
   ~ persönliche Schätze, die Ihr Leben symbolisieren, z.B. eine Glocken- oder Glasperlensammlung, ein Schrein, ein besonderes Kleidungsstück, ein Hut, der zu Ihrem Markenzeichen geworden ist, eine Schüssel mit Ihren liebsten Süßigkeiten, Blumen etc.
   ~ spezielle Rituale: Kerzen oder Räucherwerk anzünden, Erde ins Grab schaufeln, die Hände waschen, einen Kreis bilden, tanzen und singen, einen Baum oder Blumen pflanzen, ein Wandgemälde gemeinsam herstellen

4. Sollen Ihre Freunde und Familie bestimmte Rollen übernehmen? Möchten Sie, dass Ihre Lieben Ihren Körper zurechtmachen? Wenn ja, dann wie? Möchten Sie Sargträger? Wer soll dabei helfen, die Feier zu koordinieren, wer soll daran teilnehmen? Möchten Sie eine Anzeige in der Zeitung? Möchten Sie, dass Ihre Feier öffentlich abgehalten wird?
5. Welche Stimmung möchten Sie schaffen? Möchten Sie eine fröhliche Feier im Freien mit einer Jazzband oder lieber Kammermusik in einem Gebäude? Ein informelles Treffen im engsten Kreise mit Familie und Freunden, die alle etwas mitbringen und sich zusammen Ihre Fotoalben anschauen? Zu welcher Tageszeit soll die Feier stattfinden? Soll es eine nächtliche Zusammenkunft sein, zu der ein Streichquartett aufspielt, ein Sonnenaufgang, eine Kanufahrt auf Ihrem Lieblingsfluss? Sollen Ihre Freunde vielleicht im dahinschwindenden Nachmittagslicht Lieder singen?

Es ist im Sinne Ihrer Familienmitglieder, wenn sie die Gründe für Ihre Entscheidungen erfahren. Sie können dann aktiv am Ritual teilnehmen und brauchen nicht im Dunkeln zu tappen. Es gibt ihnen ein Gefühl der Verbundenheit und tröstet sie.

Wenn Ihre Lieben von Ihnen zur Teilnahme eingeladen werden, können sie sich nützlich machen und leichter einen Schlussstrich ziehen. Es kann so einfach sein: Erde ins Grab schaufeln, Musik spielen, Blumen pflücken, Kerzen anzünden, Geschichten austauschen, Gedichte lesen. Wenn das letzte Ritual Raum für alle schafft, die aktiv teilhaben wollen, entsteht eine feierliche Atmosphäre. Die Hinterbliebenen sind zufrieden, weil sie alles Mögliche getan haben, um den Hingang eines Lebens zu würdigen. Die aktive Teilnahme lindert auch Ängste. Je offener wir mit allen Aspekten des Sterbens umgehen, desto eher können wir den Tod als natürlichen Teil des Lebens annehmen.

Wer das Leben ganz auskosten will, hat mit der Planung der eigenen Gedenkfeier eine wunderbare Gelegenheit zu einer Aussage über das - eigene - Leben. Es ist eine Chance, das Wesentliche herauszustellen, damit alle es schätzen, verstehen, erinnern und auch mit Applaus quittieren können. Wer seinen Abschied so gestaltet, dass dieser den eigenen Beitrag und die eigenen Überzeugungen möglichst genau widerspiegelt, hinterlässt eine kurz gefasste Botschaft, über die sich die Hinterbliebenen freuen können. Wäre es Ihnen nicht angenehm, auf kreative und sinnvolle Art gepriesen zu werden und im Gedächtnis zu bleiben? Sie haben die Möglichkeit dazu.

In dem Maße, in dem Sie sich selbst um die geheiligten Ereignisse in Ihrem Leben kümmern, werden Sie die Dinge selbst in der Hand haben. Ein Ritual bestätigt und beruhigt. Wenn Sie Ihren Lieben das Gefühl vermitteln können, dass Sie ein gutes Leben hatten, wenn Sie ihnen angenehme Gefühle hinterlassen und ihnen helfen, einen Schlussstrich zu ziehen, wird Ihr Abschied zu einem Geschenk. Ich möchte Sie dazu ermutigen, Ihre Entscheidungen mit Ihren Lieben zu besprechen. Dadurch erhalten Sie nicht nur neue Ideen und Feedback, sondern fördern auch die Kommunikation über den Tod - was nicht nur Ihnen und Ihrem engsten Kreis zugute kommen wird. Wenn Sie den Mut aufbringen und Ihren eigenen Abschied planen, nehmen Sie gleichzeitig Einfluss auf die Art und Weise, wie man in Ihrem Kulturkreis die Toten ehrt.

Kapitel 6:

Vorsorge treffen

Michele hatte Bauchspeicheldrüsenkrebs im Endstadium. Als ich sie das erste Mal besuchte, fühlte ich mich sehr beklommen. Ich betrat ihr Zimmer praktisch auf Zehenspitzen. Sie lag im Sterben und hatte nur noch wenige Wochen ihres kostbaren Lebens vor sich. Ich war gekommen, um sie für dieses Buch zu interviewen. Es funkte sofort zwischen uns; von Anfang an fühlten wir uns einander verbunden. Wir hätten Schwestern sein können und wurden auf der Stelle Freundinnen. Dass uns nur so wenig Zeit blieb, unsere Freundschaft zu entwickeln, machte uns beide traurig. Michele hatte ein großes Herz.

Einige Wochen vorher hatte ich Fotos von Michele in der Zeitung gesehen. Susan Swartz hatte einen bewegenden Artikel über sie geschrieben. Die Überschrift lautete: „Die letzten Tage selbst orchestriert - unter eigenen Bedingungen“. Etwas kleiner gedruckt hieß es weiter: „Krebspatientin in Guerneville führt bei ihrem Ende selbst Regie. Totenfeier zu Hause geplant.“ Darüber ein Zitat, das mich besonders anspricht: „Ich nahm mein Leben selbst in die Hand, jetzt nehme ich meinen Tod in die Hand.“

Ihr Schmerz und ihre Stärke sprangen mir von dieser Zeitungsseite entgegen. Ich musste sie einfach anschauen. Man sah, dass sie sehr dünn und körperlich geschwächt war. Und doch arrangierte sie ihre Zeremonie und sämtliche praktischen Aspekte ihres Todes selbst. Der Artikel zeigte, wie sie von Jerri Lyons und Janelle VaMelvin vom Natural Death Care Project Michele durch das praktische und spirituelle Labyrinth ihrer letzten Vorbereitungen geleitet wurde. Die Zeitung begab sich hier auf unbekanntes Territorium. Micheles Sterben wurde zu einem wichtigen Gemeindeereignis, da sie ihre letzten Tage so öffentlich dokumentieren ließ. Michele lebte ihren durch und durch ehrlichen und offenen Tod für uns alle. Sie ließ uns zu Zeugen werden und daran teilhaben. Von ihrem Bett aus hielt sie jeden Tag Hof, während das Morphium in ihren Arm tropfte. Das Telefon stand dicht neben ihr, Freunde kamen und gingen, und der schön geschmückte Sarg wartete auf sie. Sie war entschlossen, bis zum Ende die Verantwortung für ihr Leben zu behalten. Es wurde kein Unsinn geredet, nichts Nebensächliches geplaudert, als Michele jede Einzelheit ihrer Todeszeremonie plante. Das schwarze Samtkleid, das sie sich ausgesucht hatte, hing an der Tür. Sie konnte es sehen, ohne den Kopf drehen zu müssen. Eine herrliche Halskette aus blauen, roten und goldenen ägyptischen Glasperlen lag neben ihren Ringen, Armbändern und einem Paar Ohrringen im Sarkophag.

Ich kam am Tag des Begräbnisses, um bei Michele zu sein. Ich hielt ihre kühlen, schlanken Füße in meinen warmen Händen. Ihre Fußnägel waren passend zum Satinfutter ihres Sarges violett lackiert. Ein goldenes Kettchen war um ihre rechte große Zehe geschlungen. Auf dem linken Knöchel war ein Boot gemalt, das sie hinüber fahren sollte, denn sie hing einer alten ägyptischen Religion an. Der Raum war voll von religiösen Gegenständen. Michele war mit Rosenblättern bedeckt, ihre Haut schien durchsichtig und schimmerte wie Perlen. Ich werde es nie vergessen, denn ich habe sie fotografiert. Ich verteilte Glimmer auf ihren Füßen. Sie erstrahlte in ihrem Tod, und ich sah die Frau, die sie gewesen war, bevor Schmerz und Krankheit ihren Körper befallen hatten. Als ihre Angehörigen und Freunde im Laufe des Tages kamen und gingen, entspannte sich ihr Gesicht zunehmend. Sie war reine Anmut. Sie war ein Segen. Sie war unsere ägyptische Prinzessin.

Die vordere Tür ihres Zimmers war rot bemalt und mit einem herzförmigen Kranz aus violett durchwirktem Lorbeer behängt. In der Mitte war ein Türklopfer in Gestalt eines küssenden Paares befestigt. Dies erinnerte mich an die Liebe und die Unterstützung, die Michele von ihrem Mann Brad bei der Gestaltung ihrer Zeremonie erhalten hatte.

Es war ein sehr heißer Julitag, aber Michele ruhte kühl in ihrem Sarg. Lila Kornblumen waren um ihren Kopf drapiert, goldene Sterne waren ihr ins Haar gestreut worden. Sie trug ihre Halskette, genauso wie sie es sich vorgestellt hatte, und hatte ihr schwarzes Kleid an. Tarotkarten und ihre Lieblingsdinge umgaben sie und sollten sie ins nächste Leben begleiten. Anspannung und Schmerz waren gänzlich aus ihrem Gesicht gewichen. Michele hatte wahrhaft Frieden gefunden.

Ich sah Susan Swartz, die innovative und talentierte Kolumnistin, die für eine Nachrichtenagentur arbeitet und die mich mit Michele bekannt gemacht hatte. Sie machte Interviews und Notizen für einen Artikel über diesen außergewöhnlichen Tag. Obwohl sie arbeitete, war sie gleichzeitig auch ganz für Michele da. Auch die mit dem Pulitzer-Preis ausgezeichnete Fotografin Annie Wells war gekommen und dokumentierte die Zeremonie, so wie Michele es gewollt hatte.

Wir besuchten abwechselnd Michele in ihrem Zimmer. Wir berührten sie, sprachen mit ihr und unterhielten uns leise miteinander. Wir sind glücklich, weil sie jetzt schmerzfrei ist, und würdigen das Geschenk, das sie uns hinterlassen hat - das ultimative Geschenk ihrer selbst.

Es ist erst hundert Jahren her, dass wir anfingen, professionelle Hilfe in Anspruch zu nehmen, wenn es um unsere Toten geht. Für die amerikanischen Siedler war der Tod ein ständiger Begleiter und Teil des täglichen Lebens. Gewöhnlich starben die Menschen zu Hause, und die Familie wusch und kleidete den Körper. Ein paar Tage lang lag der Körper in der guten Stube, und die Kinder erlebten dabei den vertrauten Umgang mit dem Tod.

Wenn ein Kind geboren wurde, legten viele Familien eine Flasche Wein beiseite, die für die Hochzeit bestimmt war oder auch für das Begräbnis, sollte dieses vor der Zeit stattfinden. Die Familien bewahrten Kleidung für das Begräbnis auf, die immer bereit lag, und richteten den Körper zu Hause her. Vom Zeitpunkt des Todes an bis zur Beerdigung wurde Totenwache gehalten. Der Tod war ein natürlicher Teil des Lebens.

Seit der Wende vom 19. zum 20. Jahrhundert entwickelte sich langsam eine ganze Industrie, die zunehmend die Funktion der Familie übernahm. Sie arrangierte nun die Bestattungen und kümmerte sich um die Toten. Bald diktierten Regeln und Vorschriften jeden Aspekt des Sterbeprozesses. Prozeduren ersetzten die natürlichen Impulse. Das Baden und Kleiden des Körpers, das einmal als normale Familienverpflichtung galt, erschien auf einmal als etwas Befremdliches oder sogar Erschreckendes. Nach einer Umfrage aus dem Jahr 1998 würden 87 Prozent der Amerikaner gern zu Hause sterben; tatsächlich sterben jedoch 80 Prozent im Krankenhaus oder im Pflegeheim, oft ganz allein.

Elisabeth Kübler-Ross ebnete den Weg für die gegenwärtige Rückbesinnung auf einen anderen Umgang mit dem Tod und dem Sterben. Wenn ich ihre Bücher lese, bin ich jedes Mal wieder von ihrer Weisheit beeindruckt. Ich weiß nicht mehr, aus welchem ihrer vielen Bücher das folgende Zitat stammt, doch die Botschaft ist überaus wichtig: „Wir beschützen Kinder routinemäßig vor Tod und Sterben und denken, dass wir sie damit vor Schaden bewahren. Aber es ist klar, dass wir ihnen keinen Dienst erweisen, wenn wir sie dieser Erfahrung berauben. Indem wir Tod und Sterben zu einem Tabuthema machen und Kinder von Sterbenden oder Toten fern halten, erzeugen wir unnötige Ängste. Wenn jemand stirbt, ‚helfen' wir den Angehörigen, indem wir Sachen für sie erledigen, heiter sind und den Körper in Ordnung bringen, damit er ‚natürlich' aussieht. Auch hier ist unsere ‚Hilfe' jedoch nicht hilfreich, sondern destruktiv. Wenn jemand stirbt, ist es wichtig, dass die Menschen, die ihm nahe stehen, an dem Prozess teilhaben. Es wird ihren Schmerz lindern und ihnen dabei helfen, dem eigenen Tod leichter ins Gesicht zu sehen."

Viele Erwachsenen in unserem Kulturkreis haben noch nie einen Toten gesehen. Kinder werden normalerweise vom Tod eines Angehörigen oder eines nahen Freundes fern gehalten und „abgeschirmt". Der Körper, der früher versorgt und aufgebahrt wurde, damit sich Nachbarn und Freunde von ihm verabschieden konnten, weist keinerlei Ähnlichkeit mehr auf mit den Toten, die unsere Kinder ständig im Fernsehen und im Kino zu Gesicht bekommen. Es ist daher kaum verwunderlich, wenn wir in einem Todesfall nicht wissen, was zu tun ist. Wir haben es ja nicht gelernt. Der Tod ist kein natürlicher Teil unsers Lebens mehr.

Für die meisten hat der Tod etwas Gewalttätiges und ist weit vom täglichen Leben entfernt. Tod kommt in den Abendnachrichten und in Filmen vor - und hoffentlich weniger oft an unseren Schulen, Arbeitsplätzen und in den Straßen in unserer Nachbarschaft. Es ist kein Wunder, dass wir uns hilflos vorkommen und Angst haben, wenn wir mit einem toten Körper konfrontiert werden oder an unseren eigenen Tod denken.

Die Leiche ist das ultimative Symbol des Todes. Natürlich gibt es keine Alternative zum Tod, aber es gibt Alternativen zu unserem Umgang mit dem Tod. Den toten Körper eines geliebten Menschen berühren und persönlich versorgen zu können, kann eine natürliche Verlängerung der Aufmerksamkeit darstellen, die wir dem Betroffenen schenkten, als er noch am Leben war. Wenn es Sie beunruhigt, einen toten Körper im Haus zu haben, denken Sie daran, dass es noch immer der selbe Körper ist, den sie kannten, als er am Leben war. Der Geist ist nur weitergezogen. Versorgen Sie den toten Körper mit dem Respekt und der Fürsorge, die Sie dem lebenden Körper entgegenbrachten.

Wenn jemand stirbt, dem Sie nahe stehen, möchten Sie vielleicht bei ihm sein, während sein Geist den Körper verlässt. Intuitiv empfinden Sie vielleicht diese persönliche Verbindung als das einzig Richtige, aber andere starke Einflüsse kommen dazwischen. Für viele löst der Tod unweigerlich einen Notfall aus. Wir haben gelernt, uns auf Bestattungsinstitute zu verlassen, und halten uns für unfähig, einen toten Körper zu versorgen. Vielleicht geraten wir in Panik oder empfinden es als beklemmend, wenn jemand stirbt, und glauben, wir wären gesetzlich verpflichtet, sofort Hilfe zu holen. Ein erwarteter Tod zu Hause ist jedoch *kein* Notfall. Sie brauchen nicht umgehend die Feuerwehr, die Polizei, ein Bestattungsinstitut oder die Friedhofsverwaltung zu verständigen. Sie können sich Zeit lassen. Selbst im Sommer dauert es mindestens vierundzwanzig Stunden, bis der Verwesungsprozess einsetzt. Wenn Sie fachmännische Hilfe benötigen, gibt es immer noch Zeit genug, einen Anruf zu machen.

Sobald Sie ein Bestattungsinstitut anrufen, wird es zur Stelle sein und im Nu den Körper wegschaffen. Das Gleiche ist der Fall, wenn Sie die Sanitäter rufen. Diese haben ihre eigenen Bestimmungen, die dann auch für Sie gelten. Wenn jemand nach einer Krankheit zu Hause stirbt, muss aus rechtlichen Gründen irgendwann vom Arzt der Totenschein ausgestellt werden. Aber das braucht nicht sofort zu geschehen. Sie können sich Zeit lassen. Im Gegensatz zu dem, was Sie im Fernsehen und im Kino sehen, ist bei einem voraussehbaren Todesfall zu Hause keine Eile angezeigt.

Wenn Sie die verstorbene Person geliebt haben und bei ihrem Tod anwesend waren, dann weiß niemand besser als Sie, was zu tun ist. Es gibt verschiedene Möglichkeiten. Sie können Freunde und Angehörige herbeirufen, und sich von ihnen liebevoll helfen und beistehen lassen. Wenn es Ihnen lieber ist, ein Bestattungsinstitut anzurufen und alles aus der Hand zu geben, dann ist das auch in Ordnung. Wenn Sie aber lieber alle Beerdigungsvorbereitungen selbst in die Hand nehmen, also auch den Körper salben und herrichten möchten, dann sollten Sie das tun. Normalerweise entscheiden sich die Leute für einen Kompromiss, wenn ihnen klar wird, dass sie die Wahl haben. In diesem Kapitel geht es darum, wie Sie die richtige Entscheidung für sich selbst und für die Familie treffen können.

Nachdem die Leute in meiner Gemeinde in der Zeitung über Michele gelesen hatten, begannen sie, sich über ihre Möglichkeiten zu informieren. Der Staat Kalifornien, in dem ich lebe, erlaubt die Beisetzung und die Versorgung der eigenen Toten zu Hause. Man kann auch einen preiswerten Sarg aus Holz oder Karton kaufen und ihn selbst dekorieren. Der Körper kann zu Hause aufgebahrt werden, so dass die Menschen ganz informell Abschied nehmen können. Es ist erlaubt, die eigene Totenfeier oder das eigene Gedenkritual zu gestalten, und in den meisten Orten kann man den Körper selbst zum Krematorium bringen.

Es ist nicht jedermanns Sache, aber man kann sich selbst um den Körper kümmern. Mittlerweile entscheiden sich immer mehr Menschen dafür und damit gegen die Aufgabe dieses Privilegs zugunsten Fremder. Das Herrichten des Körpers kann die Hinterbliebenen einander näher bringen. Vielleicht hatten Sie schon einmal Gelegenheit, bei der Aufbahrung eines Verwandten oder nahen Freunds helfen zu dürfen. Vielleicht wünschen Sie sich, sie hätten einer geliebten Person diesen Dienst erweisen können, und nun hoffen Sie, dass einmal Ihnen jemand diesen Dienst erweisen wird. Für mich wäre es eine heilige Pflicht, beim Herrichten des Körpers eines mir nahe stehenden Menschen dabei zu sein, und ich hoffe, dass ich nach meinem Tod nicht von einem Fremden hergerichtet werde, sondern liebevoll von den Menschen, die mich lieben. Es ist meine persönliche Überzeugung, dass durch die Hege und Pflege des Körpers in den drei Tagen unmittelbar nach dem Tod dem Geist Nahrung zugeführt wird und dass dies den Übergang erleichtert. Es gibt den Lebenden Zeit, die geliebte Person weiter zu umsorgen und die Endgültigkeit ihrer Existenz zu erfahren.

In dem Buch *Alison's Gift* erzählt uns Pat Hogan die Geschichte vom tragischen Tod eines kleinen Mädchens und von den Folgen dieses Tods für die Gemeinde. Hogan schildert, wie Alisons Mutter auf den Verlust ihres Kindes reagierte. „Aus den tiefsten Tiefen ihrer Seele schöpfte sie ein Bewusstsein und eine Schönheit, mit denen sie Alisons Tod umgab. Beth war mit der Wahl gesegnet, und in ihrer Wahl gab es einen gewissen Zauber. Es lag ein Zauber auf der Gemeinde, die sich im Haus versammelte, um Unterstützung und Liebe zu geben, und es lag Schönheit in den Ritualen, so in der Beisetzungsfeier und in der Wache, die rund um die Uhr gehalten wurde. Es lag ein Zauber in dem unmittelbaren und liebevollen körperlichen und emotionalen Umgang mit dem Tod, der in unserem Kulturkreis beinahe ein Tabu ist. Und zauberhaft und schön war schließlich auch die Schaffung einer Umgebung, in der die Mysterien des Lebens begreifbar und erfahrbar wurden.

Beth wusste, was sie wollte, und schuf eine Erfahrung, die Alison wahrhaft würdigte. In Alisons Tod, Totenwache, Beisetzung und Einäscherung waren Kummer und Freude, Verlust und Entwicklung, Schweigen und Singen, Nachdenken und Austausch. Leben und Sterben standen nebeneinander. Im Herzen ist Alisons Reise eine Reise der Wandlung, die das Leben vieler Menschen berührt hat.

Als der Unfall geschah, war die Beziehung zwischen Beth und Alison vor allem etwas in Beths Herz und Geist. Sie besaß innere Klarheit und äußere Entschlossenheit und trug dieser Beziehung spirituell und physisch durch die Sorge um Alison Rechnung. Beth kümmerte sich um alles, was Alison brauchte, bis sie am Ende den Körper dem Feuer übergeben musste. Sie fühlte sich für Alisons Wohlergehen verantwortlich. Dies umfasste Körper, Geist und Seele und hielt so lange an, wie Alison versorgt werden musste. Beth wollte keine der Verantwortlichkeiten an Fremde abgeben. Sie hatte Alison in diese Welt gebracht und geleitete sie nun auch hinaus. Die Erfahrung brachte Beth Frieden und Trost. Indem sie ihr Haus für andere öffnete, ermöglichte sie außerdem Hunderten von Menschen, an dieser Erfahrung teilzuhaben.“

Todesrituale haben den Sinn, die Menschen einander näher zu bringen und ihnen beim Trauern zu helfen. Auch wenn man Ihre Wünsche in Ehren halten will: Das Herrichten Ihres Körpers kann für die einen eine Ehre sein, während es anderen vielleicht eher unangenehm ist. Es ist wichtig, dass Sie Ihren Lieben erklären, warum Sie wünschen, dass sie sich um Ihren Körper kümmern. Damit Ihre Wünsche klar sind, sollten Sie diese zusätzlich schriftlich festhalten. Es ist gut, wenn Angehörige und nahe Freunde darüber informiert sind, dass dies Teil Ihres Plans ist, und wenn Sie eine Diskussion darüber anregen. Obwohl das Aufbahren des Körpers ein nahezu vergessener Brauch ist, machen anfängliche Widerstände meist den Weg frei für eine verständnisvolle Haltung, sobald klar geworden ist, dass es der betreffenden Person am Herzen liegt.

Amy Hill gehörte der Unterstützungsgruppe für ihre Freundin und Arbeitgeberin Nancy an, die an Krebs starb. Amy hatte noch nie mit einer Sterbenden gearbeitet, beteiligte sich aber auf Wunsch ihrer Freundin an deren Aufbahrung. Amy erinnert sich: „Sie starb zu Hause. Ich hatte schon bei Begräbnissen Leute in Särgen gesehen, aber ich hatte nie Gelegenheit gehabt, die Hand einer Toten zu halten. Für mich war das ein großer Entmystifizierungsprozess. Es war sehr befreiend ohne die Leichenhalle, ohne den geschlossenen Sarg, ohne alle Formalitäten. Es war schön, ihr einen Kuss geben und Abschied nehmen zu können. Es war sehr wichtig für mich. Ihre Eltern erlaubten ihren Freunden, ein eigenes privates Ritual abzuhalten und hatten dann eine traditionelle jüdische Zeremonie in einem Friedhof in der Nähe. Danach versammelten wir uns alle im Haus einer Freundin und erzählten uns Geschichten von Nancy und aßen gemeinsam."

Karen Leonard ist Vorstandsmitglied einer der mehr als 140 gemeinnützigen Verbraucherverbände, die es in den Vereinigten Staaten gibt und dem nationalen Dachverband angegliedert sind. Karen, eine lebendige und brillante Frau, ist eine unerschöpfliche Quelle der Information und Inspiration und gleichzeitig eine tüchtige Anwältin und beredte Sprecherin für das Recht, die Vorkehrungen für die Abläufe nach dem eigenen Tod selbst in die Hand zu nehmen und für Verbraucherschutz. Sie war Forschungsassistentin für die verstorbene Jessica Mitford und ist genauso couragiert und freimütig wie ihre Mentorin.

Karen bemerkt: „Wir beten den Professionalismus an. Wir beten die Technologie an. Wir sind die einzige Gesellschaft, die etwas nimmt, was eigentlich ein natürlicher Vorgang wäre, z.B. Trauer, und es vermarkten. Wenn man stirbt, kauft der Bestattungsunternehmer ein Trauerpaket bei einer Marketinggesellschaft ein. Das Programm liefert Pamphlete und Broschüren, mit denen er für sein Geschäft wirbt. Heute sind Verlust- und Trauerberatung der Job von Bestattungsunternehmern.

Die meisten Menschen haben noch nie einen toten Körper gesehen. Wir fürchten uns vor toten Körpern, als wären sie verseucht oder schmutzig, als könnten wir uns selbst bei ihnen den Tod holen. Wenn ich den Vorschlag mache, den Bestattungsunternehmer erst am nächsten Morgen zu rufen und die hundert Dollar zu sparen, die er berechnen muss, wenn er nachts kommt, ist die Antwort meist: ‚Ach, lieber nicht. Ich möchte nicht, dass Mutter über Nacht im Haus bleibt - tot!‘ Es sind dieselben Leute, die sich um Mutter kümmerten, als sie starb. Und doch fühlen sie sich durch den toten Körper bedroht.

Einen toten Körper bekommen wir meist nur bei einer Bestattung zu Gesicht, wenn er völlig entwässert und mit Balsamierflüssigkeit und Wachs gefüllt ist und wie eine lebensechte Attrappe aussieht. Vom tatsächlichen Körper sind dann ganze fünfzig Prozent übrig geblieben.

In anderen Kulturen beteiligen sich die Menschen aktiv an den Begräbnisvorbereitungen. Hier rufen wir das Bestattungsinstitut, stellen einen Scheck aus, und damit hat sich‘s. Unsere Beteiligung erschöpft sich in der Entscheidung, ob wir die blaue oder die goldene Urne nehmen.“

Die folgenden Geschichten von Zeremonien zu Hause sind als Anregungen gedacht, falls Sie eine solche in Betracht ziehen.

Mari

Mari war dreiundvierzig und hatte Brustkrebs. Ellen Galford, ihre spirituelle Beraterin und Todeshebamme stand ihr in den Monaten zur Seite, in denen sie starb. In dieser Zeit entwickelte Ellen eine enge Freundschaft mit Mari und deren Ehemann Tom.

„Maris Mann und ich richteten ihren Körper her. Es dauerte dreieinhalb Stunden“, erinnert sich Ellen Galford. „Während dessen vertraute er mir kostbare Erinnerungen an ihre sehr innige und liebevolle Beziehung an. Als Mari zu schwach war, um ihn nach draußen zu begleiten, setzte er sich zu ihr. Sie sahen einander in die Augen, und er sagte: ‚Ich nehme dich jetzt mit nach draußen. Wir gehen mit dem Hund spazieren. Du kannst die Felder durch meine Augen sehen.‘ Er ging mit dem Hund im Feld spazieren und sprach in Gedanken mit Mari. Als er zurückkam, unterhielten sie sich über den Spaziergang.

Als Mari starb, wusste Tom, dass sie nicht mehr da war. Trotzdem ging er immer noch sehr zärtlich, sehr liebevoll und mitfühlend, sehr offen und schön mit ihr um. Als er ihr Kleid aussuchen musste, sagte er: ‚Sie kommt in den Himmel ... welches Kleid ist das himmlischste? Als ich am Anfang um sie warb, kaufte ich ihr dieses Seidenkleid. Sie liebte es und trug es oft. Ich meine, sie sollte es jetzt tragen.‘ Er hielt ihre Füße und sagte: ‚Ach Liebes, ich habe immer deine Füße geliebt.‘

Es war wirklich gut für uns beide, dass wir bei ihr waren und mit ihr sprechen konnten. Es kam uns vor, als wäre sie noch da. Als könnte sie uns noch hören. Dabei wussten wir, dass sie wirklich gegangen war. Es heißt, dass das Gehör am längsten funktioniert. Wenn man den Herzenswunsch hat, mit jemandem zu sprechen, ist das also immer noch möglich.

Es berührte uns sehr, bei Maris Körper zu sein und die Energie im Zimmer zu spüren. Angehörige und Freunde kamen dazu und fühlten sich besser, sobald sie sich zu Mari gesetzt hatten. Maris Strahlen erfüllte den Raum. Das Ganze wurde zu einer Feier. Wir feierten die Freuden des Lebens. Die Leute waren wunderbar ergriffen. Sie konnten neben Mari auf dem Bett sitzen. Sie konnten sich hinlegen und ihren Kopf auf Maris Schulter legen, wenn sie den Wunsch verspürten. Sie konnten sie berühren. Sie konnten weinen, wenn sie wollten. Sie konnten alles tun, was sie wollten. Es war, als würden sie durch Maris Präsenz spirituell genährt.

Die Frauen dekorierten ihre Kommode und schmückten den Raum mit Blumen und Kerzen. Mari liebte Blumen, und da etwa hunderttausend Rosenblätter mitgebracht worden waren, betteten wir Mari auf Rosen. Das dauerte zwei Tage.

Irgendwann muss man dann den Deckel auf die Kiste legen. Wir taten es. Alle beteiligten sich daran. Maris letzter Abschied war genauso, wie sie es sich gewünscht hatte."

Sie haben Anweisungen gegeben, wie Sie nach dem Tod versorgt werden wollen.

Niemand gerät in Panik darüber, was zu tun ist und wen man anrufen muss.

Ihr Körper wird respektvoll und liebevoll berührt.

Stellen Sie sich vor, wie Ihre Lieben sich von Ihnen auf eine Weise verabschieden, die ihnen die Angst vor dem Sterben etwas nehmen kann.

Selbst wenn Ihr Tod schmerzhaft sein sollte, kann er eine Anregung sein für eine Feier des Lebens.

Das Leben Ihrer Familie und Freunde kann sich ändern, wenn sie sich nach Ihrem Tod um Sie kümmern.

Menschen, die die Zeit des Todes heilig halten.

Stellen Sie sich Ihren Tod als eine bewegende Geschichte vor, über die noch in künftigen Generationen gesprochen wird.

Aus der Broschüre des Natural Death Care Project, Sebastopol, Kalifornien

Melissa und Rob

Sue Brown hatte eine Ausbildung für die Pflege zu Hause gemacht und als Betreuerin im Trauerfall, als Pflegerin, Sozialarbeiterin, Ausbilderin und Sprecherin über den Tod gearbeitet. Als ihre Tochter Melissa und deren Mann Rob von einem betrunkenen Autofahrer getötet wurden, wusste sie genau, was sie tun musste und wollte.

„Melissa war noch keine neunundzwanzig und erst seit drei Jahren verheiratet. Sie und ihr Mann waren auf der Stelle tot gewesen.

Ich musste ihren Körper sehen und wollte sie selbst kleiden. Aus Erfahrung wusste ich, dass ich das Recht dazu hatte. Doch obwohl ich wild entschlossen war, fiel es mir sogar schwer, mit meinen engsten Angehörigen darüber zu sprechen. Ich wusste nicht, wie sie reagieren würden. Ich fühlte mich nur wund und verletzlich. Es stellte sich dann heraus, dass alle mich unterstützten. Es war wunderbar.

Vor der Leichenhalle trafen wir Chester, den Leichenbestatter. Er ist ein guter Mensch und war sehr besorgt. ‚Sie sehen nicht besonders gut aus, du solltest das wissen', sagte er mir. Es war mir egal. Ich wollte Melissa sehen.

Meine Schwägerin Robin, meine Tochter Jessica, meine Stieftöchter und Robins Tochter Rebecca versammelten sich alle in der Leichenhalle. Ich hatte ein Kleid aus Melissas Schrank mitgebracht, dazu Strümpfe, Schuhe und Ohrringe. Die ganze Ausrüstung. Auch hatte ich eine Papiertüte dabei, für den Fall, dass es mir übel würde.

Als sie Melissa hereinbrachten, war sie mit einem Krankenhausnachthemd bekleidet. Sie sah nicht sehr zerschrammt aus, und ihr Körper erweckte den Anschein, als wäre er intakt. Mein Mutterinstinkt erwachte sofort. Ich kleidete keinen toten Körper. Ich war die Mutter meiner Tochter.

Die ganze Woche und noch eine Zeitlang danach standen wir unter Schock. Wir waren beschützt, weil wir mit einem Fuß in unserer eigenen verkörperten Welt standen und mit dem anderen in der jenseitigen Welt. Ich nannte es die ‚Zwischenwelt'. Die Realität der Zwischenwelt ist etwas völlig Anderes. Ganz anders als wir uns den Umgang mit einem toten Körper vorstellen. Ich fühlte mich vollkommen eins mit der Erfahrung, diesen Körper anzukleiden.

Die völlige Abwesenheit von Melissas Geist war die erste Erfahrung, die ich von ihrer fortbestehenden Lebendigkeit hatte. Was Melissa belebt und so lebendig gemacht hatte, war gänzlich verschwunden, doch ich wusste, dass ihr Geist irgendwie weiter bestand.

Da wir ihre Arme nicht in das Kleid hinein brachten, schnitt ich es im Rücken auf und wickelte es um sie herum. Ihre Ohren waren schon zu steif, um die Ohrringe hineinzustecken. Ihre Beine waren wegen der Verletzungen bandagiert und verbunden worden, und ich konnte ihr die Strümpfe nicht anziehen, und ihre Füße waren so geschwollen, dass ihr die Schuhe nicht passten. Ständig wurden wir daran erinnert, dass sie tot war.

Als wir blaue Kornblumen in ihr Haar flochten, hatten wir jedoch alle das Gefühl, dass wir ein altes und uns sehr wohl vertrautes Ritual vollzogen. Wir versorgten Melissas Körper und richteten sie für ihre letzte Reise her. Es war, als würden wir sie für ihre Hochzeit oder für einen Ball oder für ihren ersten Schultag ankleiden. Es kam mir vor, als würde ich sie einwickeln und sie auf die nächste Etappe ihrer Reise zu schicken, so wie ich sie damals ausgewickelt hatte, als sie geboren war."

Für diese Reise

Wir sollten gar nicht hier sein, wo sie nur beschwichtigen,
hier in dem Raum aus rostfreiem Stahl,
seltsamen Instrumenten und ätzenden Chemikalien für die Konservierung.
Aber wir haben sie überredet,
diesen Ehemann, Vater, Geliebten, teuren Gefährten
von bekannten, liebenden Händen
baden und waschen zu lassen.
Wir sind nicht vorbereitet, wer könnte es sein,
auf dies, diesen schweigenden Fremden,
das drapierte Laken, die Kühlschrankkälte, die blau marmorierte Haut.
Ich wärme dein Gesicht zwischen meinen Händen,
deine Lippen mit meinen.
Die Falten an deinem Hals sind rosa, weich, teilweise getaut.
Ihre lebendige Beschaffenheit ist schockierend.
Ich kenne diese Haut, diese Falten, ich streichle sie,
vergesse den Raum, ich tue so als ob.
Du wirst hergerichtet, wie du es dir gewünscht hast.
Ein Lieblingshemd, getragene Hosen, die Turnschuhe
ein Sonderangebot (du hast sie „miefig“ genannt).
In deinen Händen der verbeulte, fleckige Safari-Hut,
der dich auf allen deinen Abenteuern begleitet hat.
Wir drapieren den gedämpften Stoff deines
balinesischen Sarongs über das Satinfutter des Sarges,
umgeben deine Stille mit Mementos, Lächeln,
Weinen, mit Geschichten über dein wohl gelebtes, wohl geliebtes Leben,
streuen Blütenblätter auf den starken, vollkommenen Körper,
der seinen fatalen Makel vor dir, vor uns verbarg.
Es ist Zeit. Wir versammeln uns um diesen Mann,
den Angelpunkt unseres Lebens. Hand in Hand singen wir,
sprechen letzte Worte. Gehen mit einer letzten Liebkosung.
Er ist jetzt bereit für diese Reise. Wir sind es nicht.

aus: Maude Meehan, *Washing the Stones*

Vance

„Ich finde es gut, die Trauerfeier möglichst zu Hause abzuhalten“, sagte mir meine Freundin Ann Hill. „Das Gleiche gilt für die Geburt. Es ist der gleiche Übergang, und beide haben viel von der gleichen Energie. Meine Schwiegermutter Vance starb im Krankenhaus, und ihr Ehemann Bill war bei ihr, als sie starb. Da er nicht wusste, was er tun sollte, gab man ihm einen Zettel mit einer Liste von Bestattungsinstituten, und ganz unten auf der Liste war das Natural Death Care Project angegeben.

Bill ist sehr sparsam und beschloss deshalb, die Leute vom Natural Death Care anzurufen und zu sehen, was sie zu bieten hatten. Sie nannten ihm einen Preis, der deutlich unter den Preisen aller Bestattungsunternehmer lag. Finanzielle Erwägungen waren dann auch ausschlaggebend bei seiner Entscheidung.

„Ich bin froh, dass er sich dafür entschieden hat. Es hat etwas für sich, wenn man zu Hause ist und dort alles parat hat - das trockene Eis, die Decken, die Handtücher. Die Gerüche. Das Waschen des Körpers. Man wird ständig daran erinnert, was bei diesem Übergang geschieht. Es hat eine Bedeutung, wenn alles zu Hause stattfindet. Es bereitete mich auf das Loch vor, das sie zurückließ, als sie starb.

Wir stellten ein kleines Bett ins Wohnzimmer und legten Vance auf eine Plastikunterlage, die wir mit Handtüchern bedeckt hatten. Wir zogen ihr das Krankenhausnachthemd aus und wuschen ihren Körper wirklich sorgfältig, weil die Bakterien auf der Haut den Verwesungsprozess beschleunigen. Wir benutzten am ersten Tag die blauen Kühlpackungen, um Vance kühl zu halten. und kauften am nächsten Morgen Trockeneis. Zuerst kam es uns seltsam vor, aber dann taten wir es gern. Am Ende wollten sich die Angehörigen nicht von dem Körper trennen. Sie wollten bei Vance sitzen bleiben und mit ihr sprechen.

Bill bat mich, bei der Beisetzungsfeier den Vorsitz zu führen, und ich sagte zu. Die Zeremonie sollte alle ansprechen, und unter

Vances und Bills Freunden waren sowohl Heiden als auch Episkopalisten. Eine Frau, die bei den Miwok-Indianern in Marin praktiziert, hielt ein Reinigungsritual mit Lorbeerblättern ab.

Am Tag der Beisetzung sprach der Priester mit mir über seine Pläne. Ich sagte ihm, dass ich den Vorsitz führen und ihm Bescheid geben würde, wann er in Aktion treten konnte. Es dauerte eine Weile, bis ihm klar geworden war, dass die Zeremonie nicht unter seiner Leitung stattfand, aber dann nahm er es mit Würde.

Wir begannen mit einer Vorstellungsrunde. Alle sagten, in welcher Verbindung sie zu Vance standen. Es gab etwa vierzig Leute im Zimmer. Es war wirklich wundervoll zuzuhören, wie sich die vielen unterschiedlichen Facetten von Vances Leben zusammen fügten. Wir sangen *Island of the West*, ein sehr schönes Lied mit einem Text von Starhawk, nach der Melodie von *The Lily of the West*. Dann spielte meine Mutter, die eine wirklich gute Pianistin ist, auf Wunsch des Priesters *Stille Nacht*. Die Leute wollten singen, und da Vance es liebte, wenn man sang, schien dies angebracht. Vances Geist war sehr stark zu spüren. Als Pater Ardley seine ermutigenden Bibelverse sprach und eine kleine Glocke dazu schwang, fühlte man förmlich, wie ihr Geist entschwand. Sie hatte ja jetzt ihre Fahrkarte bekommen.“

Dolores

Melody LeBarons Mutter litt an einer tödlichen Krankheit, und ein Freund aus ihrer Kirche, ein Leichenbestatter und beglaubigter Lehrer in Sachen Tod schlug der Familie vor, den Körper selbst herzurichten. Melody sprach mit ihren Schwestern und ihrer Mutter darüber. Die Mutter freute sich, dass ihre Töchter sie für die Beerdigung kleiden wollten. Ihre drei besten Freundinnen hatten auch den Wunsch, daran teilzuhaben.

Melody und ihre Schwestern bahrten mit der Hilfe dieser Freundinnen den Körper der Mutter auf. Für Melody war es die innigste und tiefste Erfahrung ihres Lebens. „Weil wir Zeit hatten, uns auf Mutters Tod vorzubereiten, hatten wir verschiedene Möglichkeiten zur Wahl. Die Entscheidung, ihren Tod zu einem natürlichen Familienereignis zu machen, war der Beginn unseres Heilungsprozesses. Unsere Gesellschaft unterstützt die natürliche Geburt, und immer mehr Frauen entscheiden sich für eine Hausgeburt. Dass auch der Tod ein natürliches Ereignis ist, das zu Hause stattfinden kann, kommt uns meist aber gar nicht in den Sinn."

Obwohl sie Zeit gehabt hatte, sich geistig auf diese Erfahrung einzustellen, war Melody schockiert, als sie die Leichenhalle betrat. „Ich weiß nicht mehr, ob es der starke antiseptische Geruch war, den ich als Erstes wahrnahm, oder das grelle gelbe Licht. Als der Bestatter einen Schritt zurücktrat und ich in den kleinen kahlen Raum blickte, fühlte ich, wie die Kälte mir bis ins Herz drang. Der Körper meiner Mutter lag auf dem Tisch, nackt unter dem Laken.

Wir standen nebeneinander und schauten die stille, kalte Gestalt an, die meine Mutter gewesen war. Jetzt schien es auf einmal keine gute Idee mehr zu sein, ihren Körper zu berühren. ‚Ich kann es nicht', dachte ich und geriet in Panik. Ich wollte gehen, in die Sonne hinaus rennen. Ich zögerte erst an der Tür. Ich fühlte ihre Präsenz, als ihre Worte klar in meinem Geist erklangen: ‚Du kannst es. Ich helfe dir.' Ihre vertraute Mutterliebe umhüllte mich wie eine Decke.

Meine Schwestern folgten mir in den Raum. In ihren Gesichtern standen Angst und Unsicherheit geschrieben. ‚Sie ist bei uns', sagte ich ihnen. Als wir um den Tisch standen, fühlten auch sie ihre Nähe. Ich weiß nicht mehr, wie lange wir so standen, jede von uns in die eigenen Gedanken und Erinnerungen versunken. Schließlich erinnerten sie sich daran, warum wir gekommen waren, und wandten sich an mich. ‚Ich mache das Make-up, und dann kleiden wir den Körper', sagte ich. Bei der ersten harten, kalten Berührung zuckte ich zurück. Dann durchströmte mich die tröstliche Wärme, die ich schon so oft verspürt hatte. Irgendwie wusste ich, was zu tun war, wie ich die gelbe Haut mit Grundierung und Rouge abdecken konnte und welchen Lidschatten und Lippenstift ich nehmen sollte. Wir kleideten ihren Körper sorgfältig und gingen schweigend unseren Erinnerungen nach. Wir schauten zu, wie unsere Freundin Thelma Mutter zum letzten Mal frisierte. Ich weiß nicht mehr genau, was wir sprachen, nur, dass das Band der Liebe zwischen uns stark wurde. Ich empfand den Raum jetzt als warm und geheiligt, als nähmen wir an einer heiligen Zeremonie teil.

Als wir fertig waren, holten wir unseren Vater. Er hielt meine Hand, als er zu dem Sarg ging und hineinsah. Mit Tränen der Trauer und der Dankbarkeit umarmte er uns und sagte: ‚Danke. Ihr habt sie so schön gemacht, wie sie immer gewesen ist.‘

Weil ihre Mutter wusste, dass sie starb, hatten Melody und ihre Familie Zeit, sich darauf vorzubereiten. „Sie und mein Vater hatten das weiße Spitzenkleid ausgesucht, in dem sie begraben werden sollte. Meine Mutter und ihre zwanzig Enkelkinder konnten sich ehrlich und zärtlich voneinander verabschieden. Meine Schwestern und ich hatten sie abwechselnd gefüttert, gewaschen, ihr die geschwollenen Füße massiert, ihr die Hand gehalten, während sie schlummerte. Ich bin dankbar, dass ich es war, die sich über die vielen Fotoalben beugte, dass ich mit eigenen Händen ihre Füße massiert, sie gewaschen und umsorgt habe. Dass unsere Herzen sangen, als wir die Mahlzeiten für sie zubereiteten und sie fütterten. Dass sie in unseren Armen starb. Dass unsere Liebe uns zwang, ihren Körper zu kleiden. Dass unsere Stimmen auf dem Begräbnis zu hören waren, unsere Augen und Ohren Zeugen der Liebe ihrer Freunde waren. Dass unsere Trauerarbeit begonnen hat.“

Melody sprach die Lobrede und die ganze Familie samt Enkelkindern sang zusammen mit der Gemeinde. Die Zeremonie am Grab war kurz. Danach ging es in die Kirche zu einem Empfang.

Die Mutter hatte sich gewünscht, dass Fotoalben und besondere Mementos auf Tischen ausgelegt wurden. „Wir tauschten Erinnerungen aus, aßen, lachten und unterhielten uns, während Händels *Messias* spielte und die Kinder im Raum umher rannten“, erinnert sich Melody. „Die Freunde verabschiedeten sich einer nach dem anderen, und alle hatten eine Geschichte davon zu erzählen, wie Mutter ihr Leben berührt hatte. Mutter hatte uns liebevoll in die Welt gebracht, und wir halfen ihr liebevoll beim Abschied.“

Kapitel 7:

Es ist nie zu spät für den Abschied

Wenn jemand, der Ihnen nahe steht, stirbt und Sie keine Gelegenheit hatten, mit ihm Frieden zu schließen, kann das bei Ihnen Verzweiflung und Schuldgefühle auslösen. Vielleicht sind Sie auf sich oder den Verstorbenen böse, weil er gestorben ist, bevor Sie alte Wunden heilen, Unrecht gutmachen, um Vergebung bitten oder um Vergebung gebeten werden konnten. Es gibt viele mögliche Gründe, warum man sich schuldig fühlt, etwas bereut oder einfach das Gefühl hat, unverrichteter Dinge zurückzubleiben. In einer kürzlich durchgeführten Umfrage über den Tod fürchteten 73 Prozent der Befragten, sich von jemandem nicht mehr verabschieden zu können.

Meine Freundin Madeleine schleppte noch Unerledigtes mit sich herum, als ihre Mutter starb. Sie war Anfang Zwanzig, als ihre Mutter die Familie verließ, um in einer religiösen Gemeinschaft zu leben. Im Lauf der Jahre hatte die Mutter immer weniger Kontakt mit der Familie, bis sie ihn schließlich ganz einstellte. Madeleine erinnert sich: „Bevor sie zu dieser Gruppe stieß, war sie eine Bahai, davor eine Zeugin Jehovas, davor Adventistin und davor irische Katholikin. Sie suchte nach einem tieferen Lebenssinn.

Es machte mir etwas aus, dass sie nicht mit uns kommunizierte, aber ich verstand sie. Es gibt viele religiöse Gruppen, die nicht wollen, dass man den Kontakt mit der Familie aufrecht erhält, damit man frei wird und dem eigenen Geist folgen kann. Ich kann nur nicht verstehen, warum unsere Mutter uns nicht verständigte, als sie wusste, dass sie Brustkrebs hatte und bald sterben würde. Sie log ihren Arzt an und sagte ihm, dass sie keine Familie hätte. Wir wussten es nicht einmal, als sie starb. Wir erfuhren es erst, als der Anwalt meiner Mutter uns sechs Wochen nach ihrer Beerdigung benachrichtigte.

Sie vermachte ihre Habe zum größten Teil Leuten in ihrer religiösen Gemeinschaft. Es schmerzt mich, dass die meisten Familienbilder und anderen Erinnerungsstücke verloren gingen. Sie hatte die Familienfotos an sich genommen, und vermutlich hat jemand in ihrer Gemeinde sie jetzt. Dass ich die Fotos nicht haben kann, ist wirklich schlimm für mich. Meine Mutter verbrachte die letzten zehn bis fünfzehn Lebensjahre damit, über vergleichende Religionswissenschaft zu schreiben, und ich hätte ihr Werk zumindest gern gesehen. Mutter verschwand einfach irgendwie. Ich bin immer noch wütend über den Tod meiner Mutter, weil ich keinen Schlussstrich ziehen konnte. Es gab keine Zeremonie, keine Gelegenheit, mich zu verabschieden."

Im Idealfall würden wir alle mit allen Menschen in unserem Leben in einem fortwährenden Zustand der Liebe und Fürsorglichkeit leben. Wenn eine wichtige Person stirbt, gäbe es nur gute Erinnerungen, und bei unserem Tod wären wir bestens vorbereitet und mit allen in Frieden. Bis zu unserem letzten Abschied würden wir alle immer bewusst und liebevoll grüßen. Leider ist das Leben nicht so ideal, und deshalb müssen wir uns überlegen, wie wir zu einen Schlussstrich ziehen und mit unverarbeitetem Verlust zurecht kommen können, wenn wir gesund bleiben wollen.

Catherine hat eine Stieftochter, die sich weigert, mit ihr zu sprechen. Catherine bleibt offen und hofft, dass sich die Stieftochter eines Tages ändern wird, sorgt sich aber, dass sie sterben könnte, bevor die Differenzen aus dem Weg geräumt sind. Mit den anderen Menschen in ihrem Leben versucht Catherine so umzugehen, als wäre jeder Abschied der letzte. Ihre Philosophie ist es, „so zu handeln, als wäre es der letzte Tag meines Lebens. Was würde ich einem Menschen dann noch sagen wollen? Wenn ich jemanden liebe, sage ich es ihm jetzt auch. Ich bin offen und versuche, keine unerledigten Sachen mit mir herumzuschleppen. Wir können viel schöner sterben, wenn wir ein, naja ich will nicht sagen perfektes, aber doch ehrliches Leben führen."

Wenn jemand stirbt, der Ihnen wichtig ist, und Sie sich entfremdet fühlen, kann der unverarbeitete Kummer auf unbestimmte Zeit andauern, falls Sie nichts dagegen unternehmen. Um die Sache abzuschließen und vergeben zu können, müssen Sie einen Weg finden, die unerledigten Dinge anzugehen, unabhängig davon, wie viele Jahre inzwischen vergangen sind und wie schmerzhaft die Erfahrung war.

Vor kurzem nahm ich an einem Treffen des Council of All Beings teil. Etwa zwanzig Leute versammelten sich. Auf einem Hanggrundstück mit Blick auf den Ozean vollzogen wir ein spirituelles Ritual für Heilung und Wiedererweckung mit dem Land und miteinander.

Der Prozess selbst brachte uns dazu, einander respektvoll und unvoreingenommen zuzuhören und unsere Wahrheit ohne Furcht vor Kritik auszusprechen. Diesem Prozess entsprang ganz natürlich Vergebung, und ein neuer Anfang schien möglich. Für mich als Teilnehmerin waren zwei Elemente besonders bemerkenswert: unsere Übereinkunft, geheiligte Zeit in unser Leben einzuplanen und mit einer Zielsetzung zusammenzukommen. Es brachte das Beste in uns allen zum Vorschein und besaß große Kraft.

Nach dieser Erfahrung wünschte ich mir, dass es in unserer Kultur mehr Vergebungsrituale gäbe. Traurigerweise lassen wir es zu, dass uns vergangene Übergriffe, Auslassungen, Unrecht, verletzende Worte und Verrat in die Zukunft folgen, unsere Herzen verwirren und unsere Leidenschaft ersticken. Vergeben können ist so befreiend, um Vergebung bitten so gesund. Die folgenden Worte aus Jack Kornfields Buch *A Path with Heart* bedeuten mir sehr viel: „Für die meisten Menschen ist Vergebung ein Prozess. Wenn man tief verletzt wurde, kann sich das Werk der Vergebung jahrelang hinziehen. Es wird viele Stadien durchlaufen - Kummer, Wut, Gram, Furcht, Verwirrung. Und wenn Sie zulassen, dass Sie den Schmerz fühlen, den Sie mit sich herumtragen, wird die Vergebung am Ende eine Erleichterung sein, eine Erlösung für Ihr Herz. Sie werden sehen, dass Vergebung letztlich Ihnen selbst zugute kommt, dass sie ein Weg ist, den Schmerz der Vergangenheit nicht mehr tragen zu müssen."

Vergebung hat zwei Seiten: Hat man verletzt oder ist man verletzt worden? Das Wesentliche ist jedoch immer die Heilung. Die jüdische Tradition von Yom Kippur ist dafür da, zehn Tage lang das eigene Herz zu erforschen und herauszufinden, ob man jemanden verletzt hat und - falls dem so ist - sich bei diesem Menschen zu entschuldigen. Man hofft, dass er einem vergeben wird, und oft ist außer der Geste des Bittens nichts nötig. Ein wichtiger Teil des Zwölf-Schritte-Programms der Anonymen Alkoholiker besteht darin, herauszufinden, wem man Leid zugefügt hat, und diese Menschen dann um Vergebung zu bitten.

Wenn Sie das Leben eher im negativen Licht sehen oder ein gefährdetes Immunsystem haben, blicken Sie in sich hinein und finden Sie heraus, ob Sie jemandem vergeben müssen. Auch wenn Sie verletzt worden sind, kann es notwendig sein, dass Sie den ersten Schritt tun. Manchmal ist es am besten, offen zu bleiben für die betreffende Person. Wenn Ihnen Leid angetan wurde und die betreffende Person nicht die Absicht hat, die Situation mit Ihnen durchzuarbeiten, wenn Ihnen die Gelegenheit verwehrt wird, dann müssen Sie es eben selbst tun - durch Meditation, Psychotherapie, Kunst, Musik, Schreiben oder Gärtnern, was Ihnen am besten liegt. Anstatt sich in ein dunkles Loch zu verkriechen und dort zu grollen, sollten sie Sich lieber zu Vergebung und Gesundheit malen, singen oder gärtnern. Mit der Vergebung ist es wie mit der Liebe - man gewährt sie am besten bedingungslos, ohne Erwartungen daran zu knüpfen. Oft sind Sie selbst die Person, der zuerst vergeben werden muss. Diese Weisheit kann die tiefsten Wunden heilen.

Als meine Tochter Sasha Harrison eins ihrer Bilder zu Ende gemalt hatte, fühlte sie sich wie verwandelt. Nachdem sie mir das Bild gezeigt hatte, bat ich sie aufzuschreiben, was sie empfand, als sie ihren Ärger losließ.

„Dieses Bild rettete mich nach dreißig Jahren tiefer Traurigkeit. Ich hatte so lange ein schweres Herz mit mir herumgeschleppt. Im Alter von acht Jahren machte ich an einer öffentlichen Schule auf dem Land Erfahrungen mit Rassismus. Ich wurde regelmäßig verspottet und gehänselt, beschimpft und ausgelacht. Das blieb im Grunde so bis zu meinem Schulabschluss im Alter von 15 Jahren. Immer wenn ich an diese Jahre dachte, fühlte ich tief in den Knochen einen durchdringenden Schmerz.

Ich setzte mich und malte, und das Mädchen erschien. Offensichtlich brauchte sie Rat, und so malte ich die ältere Frau. Ich fügte die Indianerin hinzu, da ich das als wichtig empfand. Als ich fertig war, wusste ich, was das alles bedeutete. Meine Ahninnen, die Indianerinnen und Afrikanerinnen, baten mich, den Kindern meiner europäischen Vorfahren (die durch die Formen am oberen Rand des Bildes repräsentiert waren) zu vergeben, mein Herz zu öffnen und sie wieder hinein zu lassen, so wie es sein sollte.

Wenn ich jetzt an meine Schuljahre zurückdenke, fühle ich keinen Schmerz, kein Bedauern und keine Scham mehr. Nur Vergebung.“

Über einem Sonntagsbrunch hatte ich einmal ein wichtiges Gespräch mit meinem Freund Carter Smith, einem sehr talentierten und erfolgreichen Modedesigner. Carters Eltern waren beide innerhalb von sechs Wochen gestorben, und ihr Tod hatte weitreichende Folgen für sein Leben. Der Verlust beider Eltern so schnell nacheinander führte ihn dazu, tief in sich zu gehen, so dass die Kostbarkeit des Lebens hervorsprudeln und an der Oberfläche bleiben konnte. Da wir uns darauf vorbereiten, getrennte

Wege zu gehen, gab er mir einen Edelstein, den ich bei mir trage und mindestens einmal am Tag heraushole. Er sagte: „Liebe ist zum Geben da. Liebe ist Vergeben."

Kummer überwindet man nicht so ohne Weiteres, doch mit einem guten Unterstützungssystem und mit der Zeit ist fast jeder in der Lage, sich an den Verlust zu gewöhnen und das eigene Leben fortzusetzen. Wenn Sie unerledigte Dinge mit sich herumtragen oder nicht auf eine für Sie sinnvolle Art und Weise trauern konnten, fühlen Sie wahrscheinlich, dass Sie irgendwo stecken geblieben sind und nicht vorwärts kommen. Vielleicht kommt es Ihnen vor, als wäre es inzwischen zu spät. Aber ich verspreche Ihnen: Egal wie viele Jahre vergangen sein mögen, es ist nicht zu spät zu vergeben, es ist nicht zu spät, Abschied zu nehmen. Sie können auch jetzt noch vergeben. Auch Ihnen kann noch vergeben werden, selbst wenn die betreffende Person schon gestorben ist, und Sie können sich immer selbst vergeben. Ich glaube daran, dass Sie die Wahl haben. Der Ärger raubt Ihnen ein Stück Ihres Lebens. Wenn Sie daran arbeiten, können Sie Ihren Ärger loslassen und dieses Stück Ihres Lebens zurückgewinnen. In seinem Buch *Noch ein Jahr zu leben. Wie wir dieses Jahr leben können, als wäre es unser letztes*: „Wir brauchen nicht aufzuhören, mit den Verstorbenen zu sprechen, nur weil ihr Körper und Herz zu ihren Quellen zurückgekehrt sind. Das Herz ist eine Brücke, über die wir sie ermutigen können, ihrer tiefsten Heilung zu folgen, zu vergeben und sich vergeben zu lassen, sich in das Licht ihrer großen Natur zu begeben."

Sue Brown, Psychotherapeutin in Santa Rosa, Kalifornien, arbeitet in ihrer Praxis mit vielen Menschen, die einen Todesfall hinter sich haben und keinen Schlussstrich ziehen konnten. „Die eigentliche Schwierigkeit besteht meiner Meinung nach darin", sagt sie, „dass unsere Beziehung mit einer verstorbenen Person gefühlsmäßig noch andauert, und wir gleichzeitig verwirrt sind, weil es keinen Körper mehr gibt, mit dem wir kommunizieren können. Dieser Mangel an Verkörperung ist das Schwierigste an einem Todesfall, da wir die spirituellen Traditionen, mit denen wir aufwachsen oder die wir entwickeln, offensichtlich nicht als sehr verkörpert oder befriedigend empfinden.

Nach dem Tod meiner Mutter und meiner Tochter Melissa verstand ich wirklich, warum sich die Menschen einen Himmel ausgedacht haben. Damit entsteht ein Bild, ein Ort, ein Weg, sich mit Menschen zu verbinden. Ich verstehe, warum die Leute Gräber besuchen und sich mit ihren Lieben unterhalten. Sie wissen, dass sie nicht körperlich da sind, versuchen aber, in Verbindung zu bleiben. Irrtümlich setzen wir das Sich-Lösen aus einer Beziehung mit der Beendigung der Trauer gleich.

Ich glaube, die Beziehung wandelt und verändert sich, und wir lösen uns allmählich von dem, was wir in die Beziehung investiert haben, die einmal hier existierte. Erfolgreiches Trauern, so wie ich es verstehe, setzt unsere Energie allmählich frei, so dass wir sie in andere Beziehungen und kreative Projekte, in andere Arten des Lebens investieren können."

Während ich dieses Buch schrieb, wurde mir klar, dass ich mit dem Tod meines Vaters noch nicht abgeschlossen hatte. Mein Vater und ich hatten in meinen ersten Lebensjahren eine sehr enge Beziehung. Dann wurde er plötzlich krank, und wir mussten unser Haus in Florida verkaufen und zogen nach Ohio, wo er ins Krankenhaus kam. Ich vermisste die Sonne, den Ozean, die glücklichen Zeiten, aber am meisten vermisste ich meinen Vater. Mein Vater ist nie zu mir zurückgekehrt. Wir lebten weit vom Krankenhaus entfernt, und meine Mutter und ich konnten ihn nur einmal die Woche besuchen. Es gab auch weiterhin eine starke Verbindung zwischen uns, bis ich im Alter von neunzehn Jahren nach San Francisco zog. Damals war es im Mittleren Westen nicht üblich, von zu Hause wegzuziehen, besonders nicht für junge Frauen, und ich wurde irgendwie zum schwarzen Schaf der Familie. Abgesehen von gelegentlichen Besuchen und Briefen wurde meine Beziehung zu meinem Vater auf Eis gelegt und lebte nun hauptsächlich aus der Erinnerung.

Als mein Vater in einem Krankenhaus in Ohio an Herzversagen starb, wurde ich nicht zum Begräbnis eingeladen. Meine Mutter sagte, es sei nicht nötig, nach Hause zu kommen. Ich war ein Blumenkind in der Gegenkultur von Haight-Ashbury in San Francisco, eine allein erziehende Mutter mit einem kleinen Kind. Ich hatte kein Geld, und niemand schickte mir ein Ticket. Ich war nicht dabei, als die anderen gemeinsam trauerten. Später hörte ich, dass die Kirche übervoll war von Leuten, die meinen Vater liebten, aber ich verpasste das Begräbnis des Mannes, der mir das Leben geschenkt hat und um dessen Tod ich erst jetzt zu trauern beginne. Damals verstand ich nicht, warum es so wichtig ist, mit den anderen zu trauern. Mein Vater kam in Cincinnati in den Himmel, und damit hatte es sich.

Die Vergangenheit kann ich nicht ändern. Aber ich kann mich jetzt mit ihr auseinandersetzen, anstatt den Schmerz zu verdrängen. Wenn ich in der Vergangenheit an meinen Vater dachte, schnürte sich meine Kehle zusammen und ich empfand große Traurigkeit. Ich lebte im Land des unverarbeiteten Kummers und unternahm nichts dagegen. Wenn ich jetzt an meinen Vater denke, erinnere ich mich an die guten Zeiten, die wir zusammen verbrachten, und an alles, was er mich gelehrt hat. Ich habe unsere Beziehung neu belebt. Ich habe meinem Vater verziehen, dass er sich als Teenager zum Kriegsdienst gemeldet hat und ein Kriegsheld wurde und dass er mich dadurch des gesunden Vaters beraubte, nach dem ich mich sehnte, als ich aufwuchs. Ich habe meinen Verwandten verziehen, die damals nicht erkannten, wie sehr ich ihn gebraucht hätte. Ich habe mir selbst verziehen, dass ich nicht die Kraft hatte, zu seinem Begräbnis zu gehen. Der Gesellschaft, die seine Jugend dem Krieg geopfert hat, habe ich noch nicht verziehen, und vielleicht wird mir das nie möglich sein. Ich tue mein Bestes. Teil des Vergebens ist die Anerkennung und das Annehmen dessen, dass wir alle unser Bestes tun.

Mein Vater vermachte mir seine Liebe am Gärtnern, und ich halte die Erinnerungen an die Zeit, als ich drei, vier Jahre alt war und ihm mit den Tomaten und Blumen zur Hand ging, in hohen Ehren. Er hatte vor dem Haus ein kreisförmiges Beet angelegt, und dieser verspielte, einzigartige Garten passte genau zu ihm. Wenn ich über meinen Vater nachdenke und mit ihm kommuniziere, gehe ich in den Sarggarten, von dem ich in Kapitel Fünf erzählt habe. Ich habe dort meinem Vater zu Ehren einen Altar mit einer Öffnung in der Mitte gebaut, die den Fortbestand unserer Beziehung symbolisiert.

Letzte Woche sangen die Frauen im Threshold Chor, in dem ich Mitglied bin, ein Lied, um mir bei der Widmung meines Gartens zu helfen. Als wir sangen, verabschiedete ich mich persönlich von meinem Vater, damit er sich nun frei fühlen kann, seine Entwicklung fortzusetzen und ich die meine.

Dorothys Ehemann Bernard verfiel nach zehnjähriger Krankheit in eine Demenz. Sie dachte, sie hätte sich von ihrem Mann verabschiedet und richtete sich darauf ein, dass er aus ihrem Leben gegangen war. Ein Jahr nach seinem Tod wurde ihr jedoch bewusst, dass sie zwar um den Kranken getrauert hatte, nicht aber um den geliebten Mann.

„Ich lebe mein Leben anders, weil ich Bernard geliebt habe und von ihm geliebt worden bin“, sagte mir Dorothy, als wir eines Morgens in ihrem Wohnzimmer zusammensaßen. „Das ist die bedeutendste Veränderung in meinem Leben, und es ist stärker als die Erfahrung, ihn verloren zu haben. Ich habe in all den Jahren, als Bernard krank war, so viel geweint, dass ich dachte, ich hätte schon einen großen Teil meiner Trauerarbeit hinter mir. Und da das auch in allen Büchern nachzulesen war, sagte ich mir, dass es stimmen musste.

Ich war auch außerordentlich erleichtert über seinen Tod - dass er nicht vor meinen Augen verhungern musste, sondern sehr schnell starb. Ich musste nicht zusehen, wie er bei jedem Atemzug nach Luft rang, mit einer Lungenentzündung zum Beispiel. Als er nicht mehr atmete, war ich furchtbar erleichtert. Wahrscheinlich mehr für mich als für ihn.

Ich musste nicht mehr zu einer bestimmten Zeit zu Hause sein...es war egal, wie spät es wurde...ich konnte wegbleiben...konnte planen. Es war mir zunehmend schwerer gefallen, Bernard zu versorgen, selbst für kurze Zeit. Es wurde immer schwieriger. Ich glaube, ich war einfach ausgelaugt.

In den ersten sechs Monaten trauerte ich ein bisschen, weinte ein bisschen, aber die folgenden sechs Monate erschienen mir schwerer, weil die Erinnerungen an den früheren Bernard und an unsere Beziehung vor der Krankheit zurückkamen. Jetzt trauere ich also um den Mann, in den ich mich einmal verliebt habe. Wenn ich mit Leuten zusammen bin, fühle ich mich im Allgemeinen ziemlich gut. Ich fühle die Trauer, wenn ich allein zu Hause sitze und an Bernard denke.

Mein Stiefsohn Andy hat etwas sehr Schönes gemacht. Als ich Bernard kennen lernte, hatte er ein altes Tonbandgerät und nahm alles auf. Unser erstes Weihnachtsfest mit den Kindern - alles. Andy ging durch sämtliche Tonbänder und stellte eine Kassette zusammen, auf der auch ein Brief ist, den mir Bernard schrieb, als ich nach dem Jahr, in dem wir uns kennen lernten, nach Minnesota zurückging. Es gibt auch einen Brief von meiner Mutter an mich darauf und einen Brief von mir an meine Mutter. Es gibt einen Ausschnitt aus einem deutschen Text, den Bernard liest. Deutsch hat so viele komische Vokale und Konsonanten, und er liest es und bekommt einen Lachanfall - lacht sich halb tot.

Ich empfinde es als sehr tröstlich, wenn ich diesen Tonbändern zuhöre. Wenn ich mitten in meiner Trauer stecke, liebe ich es, Bernards Stimme zu hören. Meine Erinnerungen an ihn werden dann klarer. Manchmal spiele ich die komischen Stellen ab, manchmal höre ich mir den Brief an, in dem er mir erzählt, wie leer das Haus ohne mich ist und wie sehr er mich vermisst und liebt. Es ist sehr schön, das zu hören."

Manche Geister lassen sich leicht auf den Weg schicken, andere - wie Bernards - bleiben einfach. Dorothy hatte so lange mit der Belastung und dem Stress gelebt, ihren Mann zu versorgen, dass ihr keine Zeit blieb, sich mit seiner Demenz abzufinden. Zu sehr hatte sie damit gelebt. Als er starb, konnte sie sich von dem Kranken verabschieden, aber nun braucht sie noch Zeit, um den vor Leben übersprudelnden Mann zu betrauern, den sie einmal geheiratet hat. Glücklicherweise versteht sie das und vertraut ihrer eigenen Weisheit.

Erinnerung ist ein Teil der Trauer.

Ovid

Ina schuf für sich ein sehr mutiges und heilendes Ritual. Als sie fünf Jahre alt gewesen war, hatte man bei ihrer Mutter einen Gehirntumor diagnostiziert, und als sie fünfzehn war, starb die Mutter. Obwohl die Mutter nun bereits seit fünfunddreißig Jahren tot war, überkam Ina jedes Mal eine tiefe Traurigkeit, wenn die Gemeinde beim jüdischen Gottesdienst derjenigen gedachte, die im vergangenen Jahr verstorben waren. Der Tod der Mutter war eine offene Wunde, die nicht verheilte. Es ist eine Tradition, am Todestag eines geliebten Menschen eine Yartzheit-Kerze anzuzünden, und so beschloss Ina, am Todestag ihrer Mutter eine öffentliche Zeremonie in ihrem Tempel abzuhalten. Sie verschickte Einladungen und bat die Leute, runde Brote oder Kuchen mitzubringen - Lebensmittel, die die Ganzheit des Lebens in Form eines Kreises ausdrückten. Bei der Zeremonie versammelten sich der Rabbi, ihre Freunde und die Gemeinde um Ina, um ihr zu helfen, die Mutter endgültig zu begraben.

Carole arbeitet als Kellnerin in einem Hotel am Meer, in dem ich mehrere Tage verbrachte. Sie wusste, dass ich dieses Buch schrieb und legte mir eines Abends einen Zettel neben meinen Teller, auf dem sie mich um ein Gespräch bat. Spät nachts schüttete sie mir in der Küche ihr Herz aus.

Als Carole fünfzehn war, wurde sie vergewaltigt und geschwängert. Sie bekam einen kleinen Jungen und gab ihn zur Adoption an eine Familie frei, die für ihn so sorgen konnte, wie es ihr nicht möglich gewesen wäre. Sie fuhr mit ihrem Leben fort und bekam später zwei Töchter, die inzwischen erwachsen sind und die sie im Lauf der Jahre immer wieder drängten, den verlorenen Bruder zu finden. Sie wollte das Leben ihres Sohnes aber nicht durcheinander bringen. Wenn sie in ihren Tagträumen an ihren Sohn dachte, konnte sie ihn immer nur als Baby sehen. Deshalb weigerte sie sich, eine Kontaktaufnahme zu versuchen. Vor kurzem riefen ihre Töchter an und erzählten ihr, dass sie die Adoptiveltern ausfindig gemacht hatten und dass ihr Bruder im Alter von zwei Monaten gestorben war.

Als mir Carole ihre schmerzliche Geschichte erzählte, füllten sich ihre Augen mit Tränen. Ihre Freunde verstanden ihren Kummer nicht und standen ihr nicht besonders gut bei. Sie konnten sich nicht vorstellen, was Carole empfand, weil Carole ihren Sohn nie gekannt hatte und das Ganze schon so lange Zeit her war. Aber es ist nun einmal so, dass Carole Schuld und Traurigkeit empfindet. Sie weiß jetzt sicher, dass ihr Sohn tot ist und muss den Schmerz anerkennen, den sie empfindet, und sich selbst vergeben. Sie muss jetzt, nach 36 Jahren, anfangen zu trauern.

In der Zeit von Yom Kippur erinnern sich Juden an ihre verstorbenen Verwandten. Rabbi David A Cooper, ein Führer des Jewish Reconstructionist Movement, Dozent, Gelehrter und bekannter Autor des Buches *God is a Verb*, begleitet seine Gemeinde normalerweise in einer sehr mächtigen Visualisierung, von der er sagt, dass sie „eine Flut von Tränen und sehr viel Heilung“ mit sich bringt.

Wenn jemand gestorben ist, der Ihnen nahe steht und von dem Sie sich nicht richtig verabschieden konnten, empfehle ich Ihnen seine Visualisierung, die Sie für Ihre eigene Situation etwas ändern können. Ich war so beeindruckt von Rabbi Coopers Methode, dass ich (mit seinem Segen) die ganze Visualisierungsübung in diesem Buch beschreibe.

Rabbi Cooper rät, dass Sie diese Übung auch dann machen sollten, wenn es einen möglichen inneren Zensor gibt, der Sie bei dieser Übung hemmen könnte. Er warnt aber davor, diese Praxis mit jemandem ausüben, der Ihnen sehr viel Gewalt angetan oder großen Missbrauch an Ihnen verübt hat.

1. Suchen Sie einen geschützten, ruhigen Platz auf, an dem Sie die nächsten dreißig Minuten nicht gestört werden. Setzen Sie sich bequem hin, schließen Sie die Augen und lassen Sie Ihre Aufmerksamkeit auf den körperlichen Sinneswahrnehmungen ruhen.
2. Lassen Sie nach ein paar Minuten der Entspannung zu, dass Ihnen die Bilder Ihrer lieben Verstorbenen ins Gedächtnis kommen. Achten Sie darauf, was Sie empfinden, wenn diese Bilder auftauchen.
3. Konzentrieren Sie sich auf eins der Bilder und arbeiten Sie mit diesem. Lassen Sie es in Ihrem Geist ruhen. Versuchen Sie, telepathisch mit ihm zu kommunizieren, vielleicht sogar mit Hilfe einer imaginären Stimme in Ihrem Geist. Fragen Sie das Bild alles, was Sie wissen möchten. Zum Beispiel könnten Sie die folgenden Fragen stellen:
   ~ Wie ist es dort, wo du bist?
   ~ Wie war es, als du gestorben bist?
   ~ Wer ist bei dir?
   ~ Hast du Lebende in ihren Träumen besucht?

4. Fragen Sie jetzt das Bild: „Was hast du deiner Meinung nach gut gemacht, als du noch am Leben warst? Worauf bist du stolz?“ (Lassen Sie es zu Ihnen sprechen.)
5. Fragen Sie als Nächstes: „Was hast du deiner Meinung nach nicht so gut in deinem Leben gemacht? Welche Sachen bedauerst du am meisten?“ (Lassen Sie es sprechen. Vielleicht macht es Sie traurig zuzuhören. Versuchen Sie, die Verbindung so gut wie möglich aufrecht zu erhalten.)
6. Fragen Sie dann: „Wenn du eine Sache benennen könntest, die du am meisten bedauerst, was wäre es? Wenn du dein Leben noch einmal leben könntest, was würdest du unbedingt anders machen wollen?“
7. Lassen Sie jetzt das Bild in den Hintergrund treten. Versuchen Sie sich an eine Situation zu erinnern, die sie tatsächlich mit dieser Person erlebt haben, als sie noch am Leben war. Bringen Sie dieses Ereignis in Ihre Vorstellung zurück, als würde die verstorbene Person noch einmal leben. Ihre Aufgabe besteht darin, dieses Ereignis so in Erinnerung zu haben, wie sie es sich gewünscht hätte - so dass sie nichts bedauern muss. Sehen Sie sich das Ereignis von Neuem an, in seiner jetzt vollkommeneren Form. Spielen Sie ein paar Minuten lang diese neue Version immer wieder durch.
8. Lassen Sie das Ereignis los und laden Sie das Bild ein zurückzukehren. Achten Sie darauf, was Sie empfinden. Fragen Sie: „Möchtest du, dass man sich so an dich erinnert?“ Wenn es die Frage bejaht, sagen Sie ihm, dass Sie versuchen werden, diese Erinnerung aufzubauen. Wenn es die Frage verneint, finden Sie heraus, was es möchte, und versuchen Sie das nächste Mal, dem zu entsprechen.
9. Versprechen Sie zurückzukehren und fragen Sie, ob es zurückkommt. Hoffentlich wird das Bild zusagen. Verabschieden Sie sich jetzt und umarmen sie es, wenn Sie können. Nehmen Sie ein paar tiefe Atemzüge und öffnen Sie die Augen.

Wenn Sie einmal etwas identifiziert haben, woran Sie für einen Verstorbenen arbeiten können, dann sollten Sie regelmäßig über diesen Menschen meditieren. Stellen Sie sich dabei immer die Situationen auf eine idealisierende Weise vor - so wie die betreffende Person gehandelt hätte, wenn sie die Chance hätte, es noch einmal zu tun. Das heilt die Toten, weil es Ihre Gefühle gegenüber dieser Person verändert und mildert.

Rabbi Cooper sagt: „Der Schlüssel zu dieser Praxis ist natürlich, dass wir unsere Erinnerungen in einen neuen Rahmen setzen. Wenn wir an alten und schmerzhaften Erinnerungen festhalten wollen, weil es ‚eben so und nicht anders' war, bleiben wir stecken, und denjenigen, mit denen wir arbeiten, geht es genauso. Wenn es uns gelingt, mit Hilfe unserer Vorstellungskraft unsere Erinnerungen neu zu erschaffen, fangen wir an, uns zu befreien. Und damit setzen wir gleichzeitig Funken frei für die Seelen der Toten.

Das ist keine Praxis des Leugnens. Es ist eine Praxis des Vergebens und der Erneuerung. Wir alle kommen in diese Welt mit einer reinen Seele. Wir bleiben in unserem Schicksal stecken, in der Arbeit, die wir tun müssen, in unseren eigenen Stärken und Schwächen. Wir erzeugen oft ein Chaos, auf der einen oder der anderen Ebene. So wie wir hoffen, dass uns vergeben wird, müssen wir auch einen Weg finden, den anderen zu vergeben. Jedes Mal wenn uns das gelingt, hebt sich das Bewusstsein des Universums ein bisschen an."

Der Sinn der Vergebung wird Ihnen klar, wenn Ihnen zum Bewusstsein kommt, wie viel Schaden Sie sich ständig zufügen, indem Sie die negativen Emotionen eines schlimmen Erlebnisses immer wieder aufs Neue durchleben. Vergebung ist eine Praxis, die Ihre Psyche und Ihr Immunsystem heilt.

Folgende Geschichte veranschaulicht, wie schädlich unverarbeiteter Kummer sein kann und wie befreiend es ist zu verzeihen. Bronwyn brauchte Jahre, bis sie über den Tod Ihrer Eltern hinwegkam und bis sie endlich in einem ungewöhnlichen Fall von Spontanheilung von ihnen Abschied nehmen konnte. „Kurz nach dem Tod meiner Mutter“, erinnert sie sich, „zog ich von zu Hause fort und arbeitete als Kellnerin. Ich träumte, dass der Körper meiner Mutter in einem Müllsack kleingehackt wurde, und anderes schreckliches Zeug. Ich hatte noch nie besonders Angenehmes von meiner Mutter geträumt, und unsere Beziehung war auch nicht besonders angenehm gewesen, aber diese Träume waren wirklich grauenhaft. Ich weiß noch, dass ich damals das Gefühl hatte: ‚O, Gott, was ist nur los mit mir?‘

Da ich nicht wusste, was eine schwere Depression ist, bevor ich diese Träume hatte, und wie man mit so etwas umgeht, blieb ich einfach lange Zeit in dieser Depression. Nach zwei Jahren kam ich aus der Depression heraus und fing an, um meine Mutter zu trauern. Ich empfand Entsetzen und Mitleid für ihr schreckliches Leben. Ich empfand Entsetzen und Mitleid, weil es uns nicht gelungen war, einander wirklich kennen zu lernen.

Elf Tage vor dem Tod meiner Mutter hatte mein alkoholischer Vater den ersten von dreizehn Herzinfarkten im Laufe von zehn Jahren. Dieser erste Herzinfarkt brachte ihn beinahe um. Ich lebte die nächsten zehn Jahre in ständiger Angst, mitten in der Nacht einen Anruf zu bekommen und zu hören, dass er gestorben war. Der Tod meiner Mutter war ein totaler Schock gewesen, der Tod meines Vater eine Erleichterung. Ich erinnere mich daran, wie er zu mir aufschaute und sagte: ‚Warum gehe ich nicht einfach?‘ Er war wütend, weil sein Körper ihn nicht losließ.

Viele Jahre nach dem Tod meiner Eltern hatte ich ein interessantes Erlebnis. Ich hatte mir den Rücken verletzt und war bei einer guten Masseurin in Behandlung. Sie arbeitete etwa eine Stunde an mir und ließ mich dann in einem verdunkelten Raum. Plötzlich spürte ich die Anwesenheit meiner Eltern. Ich hielt ihre Hände, und wir unterhielten uns. Ich sagte ihnen, was ich alles an ihnen vermisste, was ich alles an ihnen liebte und wie viel

Bedauern ich für ihr Leben empfand. Wir sprachen und sprachen, und ich weinte, und dann verabschiedeten wir uns voneinander. Es war spontan und kam aus dem Nichts. Ich hatte sie nicht gerufen. Ich hatte mich nicht bewusst bemüht...Sie tauchten einfach auf und gingen wieder.

Die schlimmen Träume über meine Mutter hörten auf. Manchmal träume ich von meinen Eltern, aber es sind jetzt immer freundliche Träume. Wenn meine Eltern im Schlaf zu mir kommen, weiß ich, dass sie bei mir sind. Sie möchten mir etwas sagen, so als wären es meine Geistführer. Manchmal sagen sie auch nur: ‚Hallo Kleine, wie geht's?' Sie hatten beide ein gewalttätiges Leben, und sie hatten beide einen schrecklichen Tod, aber jetzt spüre ich, dass sie ihren Frieden haben, und ich habe auch meinen Frieden mit ihnen gefunden."

Es ist nie zu spät, Abschied zu nehmen, wie auch immer die Umstände sein mögen. Es ist nie zu spät, sich und anderen zu vergeben. ‚Besser spät als nie' - diese alte Spruchweisheit ist noch eine Untertreibung, wenn es um die unverarbeiteten Gefühle gegenüber Verstorbenen geht.

Kapitel 8:

Angst in Leidenschaft verwandeln

Irgendwann im Leben kommt der Punkt, da werden wir uns unserer Sterblichkeit bewusst. Die Erkenntnis, dass wir dem Tod nicht entrinnen können, ist Teil unseres Menschseins, und das Unvermeidliche anzunehmen ist eine der größten Herausforderungen im Leben. Das Gefühl der Verletzlichkeit kann uns Angst einflößen, aber es kann uns auch befreien. Nutzen Sie dieses Verständnis und beschließen Sie, mit mehr Begeisterung zu leben. Überwinden Sie Grenzen, laden Sie die Leidenschaft in Ihr Leben ein. Wenn wir lernen, Seite an Seite mit dem Tod zu leben und wenn uns klar ist, dass wir nicht wissen, wie viel Zeit uns noch bleibt, können wir ekstatischer leben. Und so, wie wir leben, werden wir auch sterben.

Leidenschaft im Leben zu erzeugen, ist wahrscheinlich das beste Geschenk, das Sie sich jemals machen können. Leidenschaft ist der stärkste Kraftstoff für die Lebendigkeit, sie ist Antrieb und Inspiration. Leidenschaft für das Leben kann dem Tod den Stachel nehmen, weil sie uns hilft, unsere Lieben in uns lebendig zu halten. Leidenschaft ist ansteckend und motivierend. Sie ist der Grund, wenn Sie am Morgen leicht aus dem Bett federn und sich nachts zufrieden zur Ruhe legen.

Nichts trübt Leidenschaft schneller als die Angst. Wir leben in einer Kultur, die auf Angst basiert. Wir lernen von Kindesbeinen an, Risiken zu vermeiden und uns vor dem Leben zu schützen und abzuschirmen, damit wir ‚Sicherheit‘ haben können. Diese Angst nimmt uns so sehr in Besitz, dass sie uns von unserer normalen Menschlichkeit entfremdet und unsere heiligen Verbindungen mit den Lebenden und den Toten aufgeweicht hat. Kathleen Dowling Singh bemerkt in ihrem bewegenden Buch

The Grace in Dying: Den meisten Menschen, die in Amerika sterben, mangelt es an einer wirklichen spirituellen Zugehörigkeit. Sterben ist in jeder nur vorstellbaren Hinsicht erschreckend. Selbst das nur vorübergehende Erlöschen des inneren Dialogs ist für einen Sterbenden, der nie eine spirituelle Disziplin praktiziert hat, eine Art ‚schwarzes Loch' im psychischen Raum."

In unserer Gesellschaft ist Todesangst die ultimative Angst. Diese Angst kann das ganze Sein infiltrieren, den Geist niederwalzen und uns Freude und Leidenschaft rauben. Todesangst ist besonders schmerzhaft, weil wir sie uns nicht eingestehen. Der Tod ist ein Tabu, etwas Geheimnisvolles weitab von unserem täglichen Leben. Wir tun, als gehöre er gar nicht zum Lebenszyklus. Da der Tod in unserer Lebensgleichung nicht vorkommt, sprechen wir nur über ihn, wenn es unbedingt sein muss - und nur mit gedämpfter Stimme.

Miriam Redstone ist einer der verständigsten Menschen, die ich kenne. Seit Jahren habe ich das Glück, fast jeden Samstagmorgen mit ihr spazieren gehen zu können. Wir lachen und weinen zusammen und teilen das ständige Auf und Ab des Lebens, zu dem auch der Tod ihres Vaters und ihrer Mutter gehörte. An einem nebligen Samstagmorgen sagte mir Miriam: „Seit ich dabei war, wie mein Vater gestorben ist, habe ich viel weniger Angst. Ich denke, das kommt von der Freude, die in diesem Moment liegt, vom Nachglanz des Todes. Es war völlig unerwartet. Ich erlebte meinen Vater in der letzten Woche seines Lebens bei der Arbeit. Ich sah, wie er in der Zeit zurückging und wirklich jung aussah. Ich sah, ihn als ganz jungen Mann und wie sich sein Körper veränderte und allmählich immer älter wurde und schließlich starb. Manche Familienmitglieder hatten große Angst und wollten nicht einmal ins Zimmer. Für mich war es ein Höhepunkt in meinem Leben."

Wir alle kennen die Angst, die „Flucht oder Kampf" signalisiert. Feuchte Hände, rasendes Herz, stockender Atem, Adrenalin, das durch den ganzen Körper tobt. Aber wie steht es mit der subtileren Angst, die uns von den guten Dingen des Lebens abschneidet und uns das Gefühl gibt, mit den Füßen in einer klebrigen Masse stecken zu bleiben? Es ist die Angst vor dem Risiko, die unser Herz erstarren lässt und von unserem Geist Besitz ergreift.

Während uns die Angst vom Typ „Flucht oder Kampf“ in Zeiten der Gefahr beschützt, beschert uns die Angst vor dem Risiko niemals etwas Gutes. Diese Angst bilden wir uns normalerweise ein. Es ist die Angst vor dem ‚was wenn?‘ Eine eingebildete Angst ist selten so schlimm, wie wir sie uns einbilden, aber sie beraubt uns unserer Energie. Eingebildete Angst ist in Wirklichkeit Angst vor dem Leben. Sie schlägt uns die Türen zu unseren Chancen zu, stiehlt uns unsere Gesundheit und unsere Freude und lässt unsere Seele verhungern.

Lisas Vater lag im Sterben, und seine Todesangst schien ihn in seinen Wachstunden fast vollkommen in Anspruch zu nehmen. Seine Frau und seine Tochter wollten seiner Seele zur Ruhe verhelfen und ließen sich eine tägliche Praxis einfallen, die ihn und die ganze Familie beruhigte. Jeden Morgen spielten sie schöne Musik und führten ihn auf eine visuelle Reise durch einen Tunnel aus warmem Licht, in dem ihn die Jungfrau Maria (seine Vorstellung vom idealen Tod) lächelnd und mit offenen Armen in Empfang nahm. Diese tägliche Praxis der transzendentalen Leidenschaft und der Liebe setzte die emotionale Atmosphäre für die letzten Wochen, und seine Ängste wurden dadurch gemildert und transformiert. Die Familie war bei ihm, als er starb, und als er lächelnd seinen letzten Atemzug tat und die Arme emporhob, empfanden alle tiefen Frieden.

Um Angst in Leidenschaft zu verwandeln, brauchen Sie nicht erst zu warten, bis der Tod bevorsteht. Sie können heute anfangen zu planen, sich lebendiger zu fühlen. In seinem bahnbrechenden Buch *Wie wir sterben: Ein Ende in Würde* bemerkt Sherwin Nuland: „Die Würde, die wir im Sterben suchen, muss in der Würde zu finden sein, mit der wir gelebt haben. *Ars moriendi* ist *ars vivendi* - die Kunst des Sterbens ist die Kunst des Lebens. Die Ehrlichkeit und Anmut der Lebensjahre, die zu Ende gehen, ist der wirkliche Maßstab unseres Sterbens. Die Botschaft, die in Erinnerung bleibt, schreiben wir nicht erst in den letzten Wochen oder Tagen unseres Lebens, sondern in den Jahrzehnten, die diesen vorausgehen."

Risiken eingehen

Mehr als jeder andere Faktor bestimmt Ihre Bereitschaft zum Risiko Ihre Fähigkeit zur Leidenschaft. Wenn Sie etwas riskieren, können Sie Ihre größten Erwartungen hinter sich lassen, Ihre Hoffnungen und Träume übertreffen.

Etwas riskieren können Sie natürlich beim Bungee-Springen oder bei der Erforschung von Höhlen, aber in erster Linie geht es darum, den Schalter im Kopf zu betätigen, der Ihnen sagt: „Nein, das kann ich nicht". Sie müssen umschalten auf: „Ja, ich kann das." Die Kraft, die in der Änderung der eigenen Haltung und im Annehmen des Wandels liegt, lässt sich gar nicht hoch genug einschätzen. Wenn Sie Ihre Haltung ändern, können Sie scheinbar unüberwindbare Hindernisse meistern und anfangen, Ihr Leben selbst in die Hand zu nehmen.

Meine Schwester Jean, die fünf Kinder groß zog und elf Enkelkinder hat, entschied sich für das Risiko und überwand dadurch ihre Angst vor öffentlichen Auftritten, was ihr Leben sehr bereichert hat: „Ich wurde von einigen Teilnehmern unserer Hackbrettgruppe bedrängt und überredet, öffentlich aufzutreten. Es kostete mich meinen ganzen Mut. Beim ersten Mal war ich irrsinnig vor Angst und konnte vorher keinen Bissen essen. Danach war es einfach, weil ich mein Instrument wirklich liebe. Schließlich lernte ich sogar, die Auftritte zu genießen. Ich begegnete vielen wunderbaren Menschen. Meine Leidenschaft besiegte meine Angst. Jetzt finde ich es viel leichter, mich auszudrücken.

Ich kann mit allen sprechen, ohne dass ich nervös werde. Es tut mir so gut, dass ich mit meinem Instrument vielen Menschen Freude und glückliche Stunden bereiten kann. Ich habe viele Freunde gewonnen, wirklich gute Freunde. Aus dem Risiko, das ich auf mich nahm, ist mir viel Glück erwachsen. Ich war auch vorher schon irgendwie glücklich - aber es ist jetzt ein anderes Glück.

Mein Mann und ich sind seit über fünfundfünfzig Jahren verheiratet, und er sagte mir kürzlich: ‚Ich kann nicht glauben, wie die öffentlichen Auftritte dein Leben verändert haben.'"

Mit dem Tod zurecht zu kommen, ist ein Prozess. Sie können damit beginnen, kleinere Ängste zu überwinden, indem Sie Risiken eingehen. Wie Jean können Sie sich herausfordern und eine Aufgabe übernehmen, vor der Sie sich ‚zu Tode' fürchten. Vielleicht ist es Fallschirmspringen, vielleicht müssen Sie vor dem Stadtrat Auskunft über jemanden geben, der Ihren Lieblingsbaum abgesägt hat. Ein Risiko einzugehen, hinterlässt fast immer ein gutes Gefühl. Mit jedem Risiko, das Sie auf sich nehmen, werden Sie ein bisschen stärker, gewinnen Sie ein Stück mehr Zuständigkeit für Ihr Leben. Bald werden Sie Ihr Leben als Abenteuer erleben anstatt als ein Minenfeld, durch das man sich einen Weg bahnen muss.

Sie können zunächst kleinere Herausforderungen annehmen, bevor Sie sich an größeren versuchen. Dies ist eins der Geheimnisse, wie sich die Kunst, Risiken einzugehen, meistern lässt. Nehmen Sie das kleinstmögliche Risiko in Angriff und spüren Sie trotzdem die Herausforderung. Aus dem Erfolg bei kleinen Risiken entsteht Vertrauen. Nach meiner Erfahrung funktioniert es am besten, wenn man Dinge in kleine Erfolge zerlegt und die eigene Angst Schritt für Schritt überwindet. Würdigen Sie unbedingt auch den kleinsten Ihrer Babyschritte, denn wie ein echtes Baby werden auch Sie durch die Wertschätzung wachsen und gedeihen. Wenn Sie sich selbst Anerkennung zollen, werden Sie bald zuversichtlicher ausschreiten können.

Es gilt nicht nur die Angst vor der Meinung der anderen zu überwinden, sondern auch die negative Bewertung des Risikos in unserer Kultur. Risiken beinhalten sowohl Erfolg als auch Fehler, und wir lernen sehr früh, dass wir keine Fehler machen dürfen, dass richtige Antworten gut und falsche Antworten schlecht sind. Wie wir alle haben wahrscheinlich auch Sie gelernt, die Fehlerquote möglichst niedrig zu halten, indem Sie sich gegen Veränderungen wehren und Risiken vermeiden.

Jedes Mal, wenn wir etwas Neues versuchen, riskieren wir Fehlschläge und Chaos. Leider hält uns das davon ab, wertvolle Lern- und Lebenserfahrungen zu sammeln. Das Problem liegt darin, dass die meisten Menschen Erfolg und Versagen als Gegensätze betrachten und nicht als Produkte ein und desselben Prozesses. Vor der industriellen Revolution bedeutete das Wort „Erfolg“ eine Reise oder einen Fortschritt auf ein Ziel zu. Es beinhaltete nicht das Ziel selbst. Wenn Sie Ihr Leben mehr als Reise betrachten anstatt als eine Serie von Erfolgen und Fehlschlägen, dann beurteilen Sie ein Ereignis nicht mehr und können Ihren Weg furchtlos fortsetzen. Eine Erfahrung oder ein Ereignis wird nur dann zu einem Fehlschlag, wenn Sie es dazu machen.

Wenn Sie Leidenschaft in Ihrem Leben entfachen wollen, müssen Sie die Angst überwinden und lernen, Risiken einzugehen. Zerlegen Sie das Risiko in kleine Teile und gehen Sie erst dann weiter, wenn Sie jeden Teil bezwungen haben. Das Geheimnis besteht darin, sich selbst zu vertrauen und einen Schritt nach dem anderen zu tun.

Für mich ist die Angst ein kleiner dunkler Raum, in dem man sich umzieht, bevor man zum Tauchen und Schwimmen geht. Es ist eng da drinnen und riecht dumpf, und die kleinen Stimmen im Kopf sagen einem: „Geh nicht raus. Tauche nicht in diesen gefährlichen Ozean ein.“ Sie müssen sich an diesem unbehaglichen

Ort bewusst dazu entschließen, die Tür zu öffnen und Ihre Wirklichkeit zu verändern, Ihren Lebensplan neu zu entwerfen. Ich finde gut, was Georgia O'Keefes über die Angst gesagt hat und habe mir ihre Worte an meine Bürotür geklebt, wo ich sie täglich sehe: „Ich habe jeden Tag meines Lebens fürchterliche Angst gehabt, aber ich habe mich dadurch nie von etwas abhalten lassen, was ich tun wollte."

Mein Mann und ich hatten unser Traumhaus auf einem riesigen Stück Wildnis in Kalifornien gebaut, als ich mir Lyme-Borreliose zuzog. Nachdem wir unser gesamtes Geld und vier Jahre unseres Lebens in unser neues Zuhause gesteckt hatten, mussten wir es verlassen, weil ich zu krank war, um an einem so abgelegenen Ort zu leben. Wir zogen in die Stadt.

Es hatte mich kalt erwischt mit dieser Diagnose. Ich fühlte mich geschlagen und hoffnungslos, ich sah überhaupt kein Licht mehr. Schließlich erkannte ich, dass ich meine Sicht allmählich erweitern und mehr Licht in meine Seele hinein lassen musste, damit sie mir helfen konnte, Körper und Geist aus dem Bett zu erheben. Ich stellte eine Liste mit meinen wichtigsten Lebensaufgaben zusammen und schwor, ich würde nur noch diese Träume verfolgen, wenn ich überleben durfte. Meine erste Aufgabe war, in Frankreich zu malen. Ich begann, diese Vision zu leben, indem ich Fotos, auf denen in Sonnenblumenfeldern gemalt wurde, ausschnitt und in mein Tagebuch klebte. Ich schrieb seitenlang Pläne über den Kauf eines kleinen Hauses in Frankreich, das mir und meinen Freunden zum Zufluchtsort werden sollte und in dem wir unsere Träume leben konnten. Das Erschaffen eines neuen Traums und die winzigen Schritte, die ich unternahm, um ihn wahr zu machen, öffneten die Tür zu Schätzen und Reichtümern des Herzens, die ich mir nie hätte vorstellen können.

Mein Mann und ich machten Urlaub in Frankreich, und einige meiner Freundinnen sprangen mit Darlehen und mit ihrer Arbeitskraft ein, um mir beim Kauf und bei der Renovierung eines mittelalterlichen Hauses in einem kleinen Dorf zu helfen. Um ihnen das Geld zurückzahlen zu können und um mein neues Leben zu beginnen, hielt ich im Sommer Malworkshops ab. Während des ersten Workshops war ich noch so krank, dass ich immer nur für eine halbe Stunde aufstehen und malen konnte. Danach legte ich mich für eine Stunde ins Auto, um wieder neue Kräfte zu sammeln. Ich hatte einen Hut mit einer Schildkröte darauf und versuchte zu akzeptieren, dass mein neues Leben auf Schildkrötenart verlaufen würde. Bevor ich mit einem Gemälde begann, schrieb ich jedes Mal Worte der Kraft auf meine Leinwand. Zum Beispiel: „Sie wusste, dass das französische Licht sie gesund machen würde.“ Oder: „Tauche und schwimm, schau nicht zurück.“

Sechs Jahre sind vergangen, seit ich dem Tod so nahe gekommen war, und ich lebe jetzt völlig anders. Ich habe ein blühendes Geschäft mit dem Namen Global Live Art und gebe Unterricht im Malen und in den Prinzipien, wie man das Leben als Kunstform lebt. Das kleinere Haus in der Stadt, in dem wir leben, gibt uns die Freiheit, zu reisen und kreativ zu sein, was in unserem ‚Traumhaus‘ auf dem Lande nicht so einfach gewesen wäre. Ich bin dankbar für das Trauma, denn es half mir aufzuwachen und einen neuen Weg einzuschlagen, auf dem ich mich auf Heilung, Vitalität und Ausdruck auf einer täglichen Basis konzentriere.

Wie man sich der Eingebung des Todes nähert und sein Leben neu erfindet, ist natürlich für jeden unterschiedlich. Für Menschen, die durch Schreiben Zugang zu den Teilen von sich finden, die ansonsten unsichtbar blieben, ist es wichtig, jeden Tag etwas Zeit für das Schreiben einzuplanen, bis sich neue Visionen und Pläne auftun. Julia Cameron bemerkt in ihrem *The Right to Write*: „Schreiben ist Alchemie. Wenn ich dieses Gedicht schreibe und mich damit aus dem engen zerebralen Raum der Bitterkeit in das geräumige Herz begebe, bin ich nicht länger Opfer, Feind, verletzte Person. Ich bin wieder, was ich bin: Schriftstellerin. Ich habe die Verletzung in Kunst umgewandelt.“

Visuelle Menschen werden sehen müssen, wie die nächste Phase aussehen könnte, indem sie mit Collage spielen, eine nährende Umgebung suchen, sich eine Realität vorstellen, die die Lebensgeister weckt und neue Erkenntnisse herausfordert, damit sich daraus größere Veränderungen ergeben können.

Für logische, analytische Menschen ist es hilfreich zu lernen, den Geist zur Ruhe zu bringen und über das konditionierte Selbst hinauszukommen, das sie als ihr Zuhause akzeptiert haben. Irgendwann kommt der Punkt, da haben Sie alles bereits aus jeder möglichen Perspektive betrachtet. Die einzige Antwort wird dann sein, den eigenen Geist loszulassen. Nachdem ich mich mit transzendentaler Meditation und Zen befasst hatte, entdeckte ich, dass die Vipassana-Meditation (bei der man zehn Tage schweigt und sich eingehend mit Lernen beschäftigt) für mich und auch für andere gut funktioniert, besonders für Menschen, die keine Hoffnung mehr haben.

In einem wirklich lebendigen Leben kommt man eigentlich nie an den Punkt, an dem man nicht mehr weiterzusuchen bräuchte. Die Suche kann den Wandel initiieren. Die kleinen und großen Tode von Mustern, Beziehungen und von Menschen, die wir lieben, können uns zu einer besseren Lebensqualität verhelfen.

Kreativität erhebt uns über unsere Widerstände hinaus, über den Rand unserer Angst in das wilde Erkunden neuer Möglichkeiten hinein. Veränderung und Engagement für die neuen Möglichkeiten können tiefgreifendes persönliches Wachstum bewirken. Kreativität, Wachstum, Chaos und Tod sind der kontinuierliche Kreislauf, in dem wir Angst in Leidenschaft verwandeln.

Als Teil des Lernprozesses, mit dem Tod an meiner Seite zu leben und mehr Lebendigkeit zu schaffen, verpflichtete ich mich, offen für Vorschläge von Freunden und Menschen zu sein, denen ich auf meinem Weg begegne. Weil ich normalerweise ja sage, selbst wenn ich Angst habe -und besonders wenn ich Angst habe- bin ich reichlich beschenkt worden.

Die Freude aus dem Schatten

Unsere Schattenseite ist die Quelle unserer Kreativität, wo alles, was an uns einzigartig ist, darauf wartet, freigelassen zu werden. Der Schatten ist der Teil von uns, den wir nicht verstehen, das Chaos, das uns manchmal Angst einjagt - das, was sich nicht kontrollieren lässt, das Unbestimmte, das Gefährliche, das Regellose. Der Schatten ist Scham, Lust, Wut, Gier und all die gewalttätigen Züge, die wir vor uns selbst und vor den anderen zu verbergen suchen. Aber wenn wir uns von unserem Schatten abwenden, werden wir unserer kostbaren Energie beraubt. In *Die dunklen Seiten des Menschlichen Wesens* bezeichnet Robert Bly die Schattenseite als „den langen Sack, den wir hinter uns her schleppen". Je größer der Sack, desto weniger Energie bleibt uns, so Bly. Leidenschaft dagegen spendet Energie im Überfluss.

Unsere Global Live Art Workshops bieten Gelegenheit für viele Formen des Selbstausdrucks, wobei der Schwerpunkt auf Kunst und Tagebuchführung liegt. Wir ermutigen Sie, diese beiden Methoden als Rohrleitungen für das Spirituelle zu nutzen. Wenn Sie sich mit Ihrer Kreativität verbinden, werden die Gaben hervorquellen, mit denen Sie geboren wurden und die sie der Welt schenken sollen. Kreativität heilt die Seele und macht das Leben sichtbar. Sie leuchtet die dunkle Seite aus, damit Sie an das Wissen gelangen, zu dem es keinen anderen Zugang gibt und das Ihnen das Geheimnisvolle erschließt. Kreativität entzündet Ihre Leidenschaft.

Tamara Slayton, Gründerin der Initiative for the Renewal of Modern Culture, sieht in der Kunst „einen universalen Zugangspunkt", der dabei helfen kann, uns auf einen „integrierten Tod" vorzubereiten. Tamara hat für ihre Workshops eine Übung entwickelt, mit der sie die Teilnehmer ermutigen will, ihre persönliche Vorstellung vom Tod in einem Bild auszudrücken und sich dadurch ein neues Verständnis zu eröffnen. „Wenn Sie Ihr Bild vom Tod zeichnen, erhalten Sie eine Momentaufnahme von dem, wo Sie gerade stehen. Und dann wird Ihnen etwas klarer, wo Sie gern stehen würden. Künstlerische Aktivitäten sind die Medizin, die uns die Dimensionen von Leben und Sterben zusammenbringt. Jedes Mal, wenn Sie den Pinsel in die Hand nehmen, durchlaufen Sie einen Mikrokosmos von Sterben und Wiedergeburt. Die Seele ist fähig, Ungleichartiges zusammenzubringen - Farbe, Pinsel, Papier, Angst - und diese ungleichartigen Erfahrungen zu etwas Schönem zu verweben.

Künstler wissen, dass ein Gemälde ohne die tiefen violetten und schwarzen Schatten platt und dimensionslos wirkt. Wenn Sie den Schatten nicht in Ihr Leben lassen und aus ihm Nutzen ziehen, wird Ihnen die Leinwand Ihres Lebens wahrscheinlich ziemlich fad erscheinen. Wenn Sie sich zu lange mit den Grautönen und neutralen Farben aufhalten, welkt der Geist. Die Künstlerin Carol Golden bemerkt: „Man muss jedes Gemälde dem Fluss der Dunkelheit öffnen."

Ob Sie es sich eingestehen oder nicht: Ihre Schattenseite existiert, und wenn sie ignoriert wird, kann sie sich in Form von Krankheit, Depression, Isolation und Apathie einschleichen. Das Wort Apathie kommt aus dem Griechischen und bedeutet „Nicht-Leiden". Das heißt, man kann oder will den Schmerz nicht spüren. Man schottet sich ab und zieht die Energie nach innen, bis das eigene Licht trüb wird und schließlich verlischt.

Der Homöopath Randy Shelly sagt: „Man sollte denken, Heilung bedeutet, dem Licht zuzustreben, aber das stimmt so nicht. Wir müssen unser ganzes Selbst annehmen. Wir müssen wissen, wo unsere inneren Kraftquellen sind. Wir werden alle mit einer Lebenskraft geboren, und wenn diese nicht fließt, sind wir weniger, als wir sei könnten. Wenn wir im Fluss bleiben, erleben wir mehr. Wenn wir stecken bleiben, verlieren wir uns. Unsere dunkle Seite ist genauso unsere Kraftquelle wie unsere helle Seite."

Endlich fange ich an, meiner Schattenseite zu begegnen. Ich dachte immer, ich würde Stück für Stück in eine schwarze, trübe Lagune hineingezogen, sobald ich mich meiner Schattenseite öffnete. Monster würden aus der Düsternis herausspringen, mich an der Kehle packen und in die Tiefe ziehen. Aber das Gegenteil ist wahr. Ich habe erfahren, dass ich meine Kraft aufgebe, wenn ich das Negative unterdrücke. Ich weiß, dass der Schatten ein verletzlicher Verbündeter ist, der Schlüssel zum unberührten Potenzial.

Meditation

Ich wurde als Kind mit Angst gefüttert. Doch jetzt will ich am Tisch der Möglichkeiten speisen. Ich habe gelernt, mich abzuwerten und klein zu machen, Jetzt will ich meine wahren Gaben würdigen. Ich habe es versäumt, wichtige Übergänge festlich zu begehen, mich selbst anzuerkennen. Jetzt will ich anfangen, die ersten Schritte der Wandlung zu feiern und mich selbst oft beglückwünschen. Ich will mich am Zyklus des Lebens freuen und den natürlichen Verlauf der Dinge wertschätzen. Ich will das Leben akzeptieren, wie es ist. Ich will meine Träume wieder lieben, denn sie können sich erfüllen.

Der Zugang zur Schattenseite kann sich schwierig gestalten, aber er birgt viele Reichtümer. Die Bibliographie im Anhang listet faszinierende Bücher auf, viele Psychologen in der Schule C.G. Jungs haben besonders gelernt, bei der Kontaktaufnahme mit dem Schatten zu helfen, und dann gibt es auch noch Kunst und Tagebuch. Unabhängig von der Methode, die Sie wählen, besteht der erste Schritt immer darin, dass Sie sich dafür entscheiden, das Unbekannte kennen zu lernen. Wenn Sie Ihre dunkle Seite ignoriert oder unterdrückt haben, ermutige ich Sie, zumindest offen zu sein für die potentielle Kraft, die sich dann zeigen kann, wenn Sie sich Ihrem ganzen Selbst öffnen. In Die Beziehung zwischen dem Ich und dem Unbewussten sagt C.G. Jung, dass die dunkle Seite zu 90 Prozent aus Gold besteht und dass wir ganz werden können, wenn wir sie annehmen.

In *Sterben leicht gemacht* geht es darum, eine gute Lebensgeschichte schreiben zu lernen, die Leidenschaft zu begrüßen und sich von der Angst zu verabschieden. Indem Sie die Angst vor dem Tod in Leidenschaft für das Leben verwandeln, können Sie helfen, die Kultur zu verändern und eine liebevollere, mitfühlende, friedliche Welt zu schaffen. Mozart hat es schön ausgedrückt: „Der Tod ist der wahre und beste Freund der Menschheit, der Schlüssel, der uns die Tür zu unserem wirklichen Glück aufsperrt.“

Anhang

Gestaltung eines Gedenkrituals in einzelnen Schritten

von Jill Goffstein

Rituale können einfach oder aufwändig, strukturiert oder informell sein. Man sollte sich an dem orientieren, was dem Leben des Verstorbenen am besten entspricht. Wie man ein Ritual am besten angeht, hängt davon ab, ob die Religionszugehörigkeit von Bedeutung ist, was man sich zutraut und womit man sich wohl fühlt, wie groß die Versammlung ist und wo sie stattfindet.

Wenn Sie für die Zeremonie verantwortlich sind, sollten Sie sich möglichst bald mit den Menschen treffen, die dem Verstorbenen am nächsten stehen, um sie einzubeziehen und die Würdigung sinnvoll zu gestalten. Bei dem Planungstreffen können Sie einen improvisierten Altar mit Fotos, Kerzen und Blumen einrichten, um Erinnerungen aus frohen, lustigen und verliebten Zeiten anzuregen und um dem Treffen einen physischen Mittelpunkt zu geben. Die Geschichten und Anekdoten, die dabei auftauchen, werden bei der Gestaltung eines Rituals hilfreich sein, das den Charakter und die Werte Ihres geliebten Verstorbenen widerspiegeln. Dieses Beisammensein wird auch eine wertvolle Unterstützung für die kommenden Tage sein.

Etwas Strukturierung ist selbst dann nötig, wenn die Feier ganz informell ist. Eine traditionelle Feier beinhaltet ein Eröffnungsgebet, das Singen von Hymnen, Lesungen, eine Lobrede, die der Leiter der Zeremonie oder ein naher Verwandter hält, und ein Schlussgebet. Die „Stadien eines Rituals“ sind als Vorschläge für die etwas persönlichere Gestaltung einer informellen Zeremonie gedacht.

Folgende Fragen können bei der Planung der Feier weiterhelfen: Wie möchte die verstorbene Person gern in Erinnerung bleiben? Wegen der Gebäude, die sie als Architekt geplant hat? Wegen ihrer Arbeit mit gefährdeten Jugendlichen? Wegen ihrer schönen Stickereien? Wegen ihrer Freundlichkeit? Was haben Sie von ihr gelernt? Welche besonderen Gaben und Talente hatte sie? Wenn der Verstorbene ein Dichter war, lesen Sie seine Gedichte. Wenn er Jazzmusiker war, planen Sie eine Jam Session in die Zeremonie ein oder spielen Sie seine Lieblingsmusik. Welche Geschichten erzählt man sich über diesen Menschen? Was machte ihn einzigartig?

Es gibt kein Richtig oder Falsch, wenn Sie einen geliebten Menschen würdigen. Benutzen Sie Ihre Fantasie, lassen Sie sich von Ihrem Herzen und von dem Respekt leiten, den Sie für ihn empfinden.

Bestimmen Sie einen Angehörigen oder einen nahen Freund als Leiter der Zeremonie; vielleicht nehmen Sie dies auch selbst in die Hand. Es sollte auf jeden Fall jemand sein, der durch den Verlust emotional nicht völlig am Boden zerstört ist und der sich zutraut, eine Gruppe zu leiten und in der Öffentlichkeit zu sprechen. Diese Person hat die Aufgabe, die Zeremonie zu eröffnen und zu beenden, die Sprecher vorzustellen und die Gäste zur Teilnahme einzuladen. Treffen Sie Ihre Wahl sorgfältig, denn der Zeremonienleiter setzt den Ton des Rituals.

Oft wird die Lobrede auf den Verstorbenen zum Mittelpunkt der Zeremonie, da sie auf die wesentlichen Punkte seines Lebens eingeht und zum Ausdruck bringt, wie der Verstorbene das Leben seiner Mitmenschen berührt hat. Manchmal empfiehlt es sich, dass mehrere Leute zu Wort kommen und somit die verschiedenen Facetten seines Lebens angesprochen werden. Am besten geben Sie hierbei einen zeitlichen Rahmen vor, damit die Dinge im Fluss bleiben.

Die ganze Zeremonie sollte eine angenehme Länge haben - nicht zu lang und nicht zu kurz. Wenn es zu viele Sprecher gibt, werden die Leute unruhig und fühlen sich unbehaglich. Ist das Ritual jedoch zu kurz, bekommen die Trauernden leicht das Gefühl, gehetzt zu werden, und empfinden die Feier als unvollendet. Die richtige Länge ist etwa eine bis eineinhalb Stunden.

Bei der Planung des Rituals sollten Sie daran denken, wie sich die Leute einbeziehen lassen. Die Beteiligung der Gäste vertieft die Erfahrung aller Anwesenden. Im Folgenden finden Sie Beispiele, wie die Teilnehmer aktiv am Ritual mitwirken können.

Wenn Sie die Zeremonie geplant haben, können Sie das Programm entwerfen. Es kann ganz einfach sein und aus einem hübschen, in der Mitte gefalteten Blatt Papier bestehen; es kann aber auch formell sein, z.B. ein gedrucktes und graviertes Büchlein. Das Programm informiert die Anwesenden darüber, was sie erwartet, und dient ihnen gleichzeitig als Andenken. Das Deckblatt enthält normalerweise den Namen des Verstorbenen mit Geburts- und Sterbedatum, manchmal auch ein Foto. Das Programm selbst enthält die einzelnen Punkte der Zeremonie, die Namen der Sprecher und, falls erforderlich, die ausgewählten Musikstücke bzw. die Namen der Musiker. Inspirierende Gedichte oder Gebete und die Texte der Lieder, die gesungen werden, können das Programm ergänzen, und auch die Einladung für einen anschließenden Empfang (eventuell mit Wegbeschreibung) ist hier gut aufgehoben.

Machen Sie sich eine Liste aller Einzelheiten. Zur Logistik, an die zu denken ist, gehören: Parkmöglichkeiten, Sitzordnung, Podium für Sprecher (wenn nötig), Programme, Blumen, Blumenarrangements, Kerzen, andere Gegenstände für den Altar, ein Lautsprechersystem, geschriebene Anweisungen für den Empfang, falls erforderlich. Stellen Sie sich auch folgende Fragen:

Wer wird die Begrüßung übernehmen? Woran ist zu denken, falls es regnet? Wo werden die Mäntel aufgehängt? Wer wird sich um die Blumengeschenke oder Spenden an eine festgesetzte Organisation kümmern? Möchten Sie die Zeremonie auf Audiokassette oder Video aufnehmen? Werden das Ritual und der Empfang am gleichen Ort stattfinden? Was wird beim Empfang serviert? Es gibt immer Freunde, die ihre Hilfe anbieten. Mit dieser Liste können Sie ihnen die Möglichkeit bieten, einen Beitrag zu leisten, und gleichzeitig die Arbeiten delegieren.

Bei meiner jahrelangen Arbeit mit Ritualen haben sich folgende elementare Komponenten herausgeschält. Sie gelten für alle Übergangsriten, aber ich habe mich hier speziell an einem Gedenkritual für Verstorbene orientiert. Vielleicht hilft es Ihnen, wenn Sie der Strukturierung Ihrer Zeremonie folgendes Format zugrunde legen. Es handelt sich aber dabei nicht um Regeln, sondern nur um Anregungen und Vorschläge. Lassen Sie sich bei Ihrer eigenen Schöpfung von Ihrem Herzen und Ihrer Fantasie leiten.

Stadien eines Rituals:
Vorbereitung des rituellen Raums

~ Begrüßung
~ Erdung und Zentrierung
~ Erschaffen eines heiligen Raumes
~ Austausch / Herzverbindung
~ Segen senden / Loslassen
~ Abschluss

Vorbereitung des rituellen Raums: Richten Sie einen Altar auf einem Tisch, dem Kaminsims oder einem anderen zentralen Platz ein. Der Altar ist wichtig, um die Lebenskraft des geliebten Verstorbenen zu würdigen. Füllen Sie ihn mit Blumen, Votivkerzen und besonders mit Fotos des Betreffenden in den verschiedenen Lebensstadien. Fügen Sie persönliche Gegenstände hinzu, die ihn symbolisieren: eine Handarbeit, einen Hut, der als

Markenzeichen diente, ein Lieblingsbuch. Wenn die verstorbene Person ihren Nichten und Neffen immer Silbergeld gab, stellen Sie eine Schale mit Silbergeld auf den Altar. Hat sie getöpfert, dann stellen Sie ein paar ihrer Keramiksachen dazu. Hat sie gern und gut gebacken, dann stellen Sie einen Teller mit ihren berühmten Keksen auf den Altar. Hat sie herzförmige Steine gesammelt, dann legen Sie welche aus. Nehmen Sie alles, was sich authentisch anfühlt und das Besondere an der Person in Erinnerung bringt, die sie würdigen wollen.

Schmücken sie den Versammlungsort mit Blumen oder Topfpflanzen und stellen Sie einen Tisch für das Essen nach der Zeremonie auf, falls Empfang und Ritual am gleichen Ort stattfinden. Ordnen Sie die Stühle im Kreis, im Halbkreis oder in Reihen an; denken Sie daran, Platz für Durchgänge zu lassen, damit die Leute ihre Plätze leicht erreichen können. Reservieren Sie die Stühle in der Mitte für die unmittelbaren Angehörigen, indem sie ein langes Band daran befestigen. Wenn nicht für alle Anwesenden Sitzgelegenheiten vorgesehen sind, sollten Sie auf jeden Fall ein paar für die Personen bereit halten, die nicht lange stehen können.

Traditionell wird eine Gästeliste beim Eingang ausgelegt. Dort sollen die Gäste unterschreiben, damit die Familie später weiß, wer anwesend war. Sie können sich natürlich andere Möglichkeiten einfallen lassen. Zum Beispiel können die Anwesenden ihren Namen und ein paar Worte mit Textilstiften auf helle Stoffquadrate schreiben. Diese lassen sich nach der Zeremonie zusammennähen und zu einem Wandbehang, einer Decke oder einem Stoffbuch für die Familie verarbeiten. Oder die Teilnehmer verewigen sich mit einem Stift mit Diamantaufsatz auf einem Spiegel mit abgeschrägten Kanten, der als Tischläufer dient und später zum Mittelstück für einen Gedenktisch oder Altar im Haus der Familie werden kann.

Wenn bei der Zeremonie ein Baum oder Blumen zum Gedächtnis an den Verstorbenen gepflanzt werden, können die Gäste ihren Namen auf mittelgroße Flusskiesel schreiben, die man in einem Garten-Center kaufen kann. Mit diesen Freundschaftskieseln wird der Baum umgeben oder der Blumengarten umrandet. Es ist wirklich bewegend, wenn alle Kiesel platziert werden. Benutzen Sie Acrylfarben, damit Sie die Pinsel und das, was daneben gegangen ist, später leicht entfernen können. Versiegeln Sie nach der Zeremonie die Namen, um sie vor Verwitterung zu schützen.

Eine schöne und bewegende Art, die Gruppe einzubeziehen, sind Origami-Boote aus Papier oder Papierherzen, die Sie bereitlegen und auf die Botschaften an den Verstorbenen oder an dessen Familie geschrieben werden können. Jemand kann sie dann als Andenken an einer Schnur auffädeln.

Ungewöhnlich und mitreißend war es, als Familie und Freunde beim Begräbnis eines Teenagers den Kiefernsarg bemalten, in dem der Junge zum Krematorium gebracht werden sollte. Das gemeinsame Bemalen des Sarges half den Menschen, den plötzlichen und viel zu frühen Tod zu verarbeiten, und gab ihnen das Gefühl, dass sie alle persönlich etwas zu der liebevollen Würdigung des Toten beitrugen.

Die Begrüßung: Bitten Sie Freunde oder Nachbarn, die Gäste zu begrüßen. Eine persönliche Begrüßung hilft den Gästen, sich wohl zu fühlen, und nimmt ihnen die Nervosität. Bei der Begrüßung kann man sich auch um diejenigen kümmern, die spezielle Hilfe brauchen. Das persönliche Willkommen eröffnet die Möglichkeit für eine herzlichere Verbindung zwischen den Teilnehmern. Je wohler sich die Leute in der Gesellschaft fühlen, desto tiefer können Sie in das Ritual hineingehen.

Bei der Begrüßung erhält jeder Gast ein Programm und wird gebeten, sich ins Gästebuch einzutragen - bzw. den Namen auf einen Kiesel zu schreiben, ein paar Worte aufzuzeichnen, die von

Herzen kommen, oder was immer vorgesehen ist. Fordern Sie die Leute auf, sich einen bequemen Platz auszusuchen. Vielleicht spielen Sie bei der Ankunft der Gäste Musik - ein Stück, das dem Verstorbenen viel bedeutet hat, oder ein klassisches Stück wie z.B. Händels *Wassermusik* oder Pachelbels *Kanon in D.*

Erdung und Zentrierung: Es ist wichtig, das Ritual selbst klar zu beginnen. Rufen Sie alle zusammen und setzen Sie den Ton für die Zeremonie. Lassen Sie die Trauernden wissen, wie sich das Ritual gestaltet und wie sie daran teilnehmen können. Überlassen Sie die Einzelheiten Ihren Gästen. Geben Sie ihnen die Sicherheit, dass sie sich auf die Weise beteiligen können, mit der sie sich wohl fühlen, dass sie also auch schweigen dürfen.

Bitten Sie die Gäste, beide Füße auf den Boden zu stellen, die Augen zu schließen und ein paar Mal tief durchzuatmen. Führen Sie sie durch eine kurze Übung, damit sie ihr Alltagsleben loslassen können und ganz in den gegenwärtigen Augenblick kommen. Sprechen Sie ein Gebet oder leiten Sie eine Meditation, die dem Zweck des Zusammenseins entspricht.

Einen heiligen Raum schaffen: Um symbolisch die Zeit der Zusammenkunft von der alltäglichen Zeit im Leben abzuheben, können die Kinder Blütenblätter streuen oder weiße Steinchen um den Kreis der Teilnehmer verteilen. Wenn Sie möchten, können Sie die Teilnehmer bitten, aufzustehen, sich dem Nachbarn zuzuwenden und dessen Hand zu nehmen. Oder alle Anwesenden legen eine Blume in die Mitte des Kreises und drücken damit aus, dass sie gegenwärtig sind und das Leben des Verstorbenen würdigen möchten. Dies setzt den Anfang für das Ritual und ist für uns das Signal, in tiefere Bewusstseinschichten hinabzusteigen.

Wenn wir einen heiligen Raum schaffen, ist es wesentlich, den Geist, Gott, die Muttergöttin oder eine andere Gottheit bzw. das jeweils angemessene Bild anzurufen. Im Akt der Anrufung des Geistes können wir das Verbundensein allen Lebens erkennen, und dies öffnet den Weg für Transformation. Nun ist es Zeit, um Führung zu bitten, damit sich unsere Herzen öffnen und wir gut trauern und dem Verstorbenen auf seiner Reise behilflich sein können.

Austausch / Herzverbindung: Ein Todesfall wirbelt die Geheimnisse von Leben und Tod auf. Wir fühlen uns dem Tod nahe und ringen auf einmal mit Fragen über den Sinn von Leben und Tod. Wir suchen nach einem Licht in der Dunkelheit. Durch Gebet, Dichtung und Lieder können wir uns an die Stellen in uns herantasten, die sich nur schwer ausdrücken lassen, und uns mit unserem Verlust abfinden. In diesen Teil des Rituals fällt die Lobrede. In einer kleinen Gruppe können Sie vielleicht die Gäste bitten, einzeln nach vorn zu treten und ihre Geschichten und Gedanken in Erinnerung an die verstorbene Person einzubringen.

Am Ende jedes Beitrags möchten die Trauernden vielleicht Beifall spenden, aber das ist in diesem Rahmen nicht angebracht. Statt dessen können sie jeden Beitrag mit ein, zwei Worten bekräftigen. Jede Tradition hat dafür ihre eigenen Wendungen. In der jüdisch-christlichen Tradition sagt man „Amen", in den Religionen der Göttin heißt es oft: „Gesegnet sei es". In einigen indianischen Traditionen beendet man eine Rede mit dem Ausruf „Ho". Jeder kann es so formulieren, wie es für ihn am stimmigsten ist. Dadurch werden auch die Gäste in das Ritual einbezogen, die sich gegen eine aktiv Beteiligung entschieden haben.

In einer größeren Gruppe hat man weniger Handlungsspielraum. Deshalb liegt es hier nahe, dass nur ein oder zwei Leute sprechen oder, falls die Beteiligung der ganzen Gruppe erwünscht ist, dass jeder nur ein paar Worte sagt. Sie können beispielsweise jedem eine Kerze in die Hand geben und vorn im Raum eine große Kerze aufstellen. Bitten Sie dann alle, nacheinander nach vorn zu kommen und die kleine Kerze an der großen anzuzünden. Dabei kann jeder ein paar Worte über den Verstorbenen sagen: „ein großes Herz", „lausbübisch, immer zu Streichen aufgelegt",

„hervorragende Verhandlungsgabe“, „eine echte Bärin“ - oder was einem gerade in den Sinn kommt. Die vielen Facetten der verstorbenen Person fügen sich auf diese Weise zu einem wunderschönen Wortgemälde zusammen. Die Kerzen können dann auf den Altar gestellt werden.

Eine andere Möglichkeit besteht darin, dass jeder eine Erinnerung an die verstorbene Person formuliert, z.B.: „Sie wird mir immer wegen ihrer Offenheit in Erinnerung bleiben.“ „Sie war eine unglaubliche Geschichtenerzählerin.“ Eine ähnliche Zeremonie lässt sich auch mit Blumen gestalten. Körbe mit unempfindlichen Blumen mit Stielen (z.B. Margeriten, Ringelblumen, Löwenmäulchen) werden herumgereicht, und jeder nimmt sich eine. Wenn die Leute einzeln nach vorn kommen und ein paar Worte sagen, winden sie ihre Blume in einen großen Kranz aus Weinlaub oder in ein Herz oder eine andere Form aus Hühnerdraht oder einem ähnlichen Material. Wenn die Blumen den Draht bedecken und die Form ausfüllen, entsteht ein farbenprächtiges Erinnerungsstück.

In einer sehr großen Gruppe können Sie ein Gebet leiten, das all das zusammenbringt, was in den Geschichten und Gedichten zuvor ausgedrückt wurde. Danach sollten alle die Möglichkeit zu einem persönlichen stillen Gebet erhalten.

Wenn die Zeremonie stärker strukturiert sein soll und genügend Zeit für die Vorbereitung bleibt, können Sie eine Diashow von den verschiedenen Lebensphasen des Verstorbenen zusammenstellen. Das kann unendlich bewegend sein.

Segen senden / Loslassen: In diesem Teil des Rituals wird endgültig Abschied genommen. Nun wird die Asche verstreut oder ein Baum für die geliebte verstorbene Person gepflanzt.

Wenn Sie einen Baum oder einen Rosenstrauch pflanzen oder einen Gedenkgarten anlegen, können die Trauernden einzeln nach vorn treten und eine Blume pflanzen oder einen bemalten

Stein ablegen und sich dabei persönlich verabschieden. Gestatten sie den Menschen, ihre Gebete schweigend zu verrichten.

Eine Kerzenzeremonie am Ende des Programms kann alle Anwesenden in das Abschiednehmen einbeziehen. Ein Familienmitglied entzündet die erste Kerze und reicht die Flamme weiter. Wenn alle Kerzen brennen, können sie in Kerzenhaltern oder in einer mit Sand gefüllten Schale auf dem Altar platziert werden. Die Zeremonie kann auch im Freien am Schwimmbecken oder an einem Teich mit Schwimmkerzen stattfinden.

Eine andere Möglichkeit, alle Anwesenden einzubeziehen, besteht darin, Blütenblätter in oder auf den Sarg zu streuen, Abschiedsworte am Strand in den Sand zu schreiben oder farbig bemalte Steine in einen Teich zu werfen. Sie können ein Feuer entzünden, in das alle Anwesenden einen Zweig oder einen Tannenzapfen werfen, oder die Teilnehmer am Anfang der Zeremonie bitten, Botschaften auf bunte Bänder zu schreiben und sie an dem Baum zu befestigen, der später ans Grab gepflanzt wird. Vielleicht gefällt Ihnen auch eine Tradition aus einer anderen Kultur, z.B. der asiatische Brauch, Papiergeld zu verbrennen und es in Papierbooten auf einen Teich oder einen See hinausschwimmen zu lassen.

Benutzen Sie Ihre Fantasie für die Gestaltung eines schönen Abschlusses. Das Freilassen von einem Dutzend Tauben kann auf eindrucksvolle Weise Leben in die Anwesenden bringen. Ein Familienmitglied kann beispielsweise die erste Taube freilassen, und dann lassen Sie den Rest folgen. Bei einer Zeremonie wurden einmal Schmetterlinge freigelassen. Diese Rituale sind sehr erhebend. Wenn Sie an einem solchem Service interessiert sind, sollten Sie mit Veranstaltern von Hochzeitsfeiern sprechen oder im Internet die Hochzeits-Links durchforsten.

Abschluss: Abschließend kann ein Gebet gesprochen oder ein Lied gesungen werden. Jetzt bezeugen Sie auch Ihre Dankbarkeit dafür, dass der Geist während des Rituals anwesend war. „Ich danke dir, Gott (Mutter Göttin etc.), dass du heute bei uns warst und uns bei der Würdigung unseres geliebten Verstorbenen geleitet hast. Wache über ihn und geleite ihn auf seiner Reise. Und tröste uns auch in den Tagen, die jetzt kommen."

Am Ende werden die Gäste miteinander Kontakt aufnehmen wollen. Es ist wichtig, dass Sie sich Zeit für gegenseitige Unterstützung und Heilung nehmen. Laden Sie alle ein, mit der Familie zu essen, zu trinken und Geschichten auszutauschen. Geschichten, die im zwanglosen Rahmen erzählt werden, tragen dazu bei, die Erinnerungen zu festigen. Dies ist wahrscheinlich die einzige Gelegenheit, ein vollständiges Bild von der verstorbenen Person entstehen zu lassen. Was könnte zum Abschied schöner sein als der Austausch wertgeschätzter Geschichten? In der Erinnerung leben die Dinge weiter, heißt es. Das gemeinsame Essen und Trinken symbolisiert die Kontinuität des Lebens und der Gemeinschaft.

Denken Sie bitte daran, dass die obigen Vorschläge nur eine Orientierungshilfe sein wollen. Bleiben Sie der geliebten Person und sich selbst treu, wenn Sie diese wichtige Zeremonie gestalten. Gehen Sie mit Würde und Respekt und mit einem offenen Herzen an Ihre Aufgabe.

Adressen

Deutsche Hospiz Stiftung, Im Defdahl 5-10, 44141 Dortmund, Telefon 0231/7380730, fax –31

Hotline: Schmerz-und Hospiztelefon und Infos zu Patientenverfügungen:Informationsbüro München, Baldestr. 9, 80469 München 089/2020810, Herausgeber eines Hospizinfos.

Alternative Bestattungen

Private Trauerakademie, Fritz Roth, Kürtener Str. 10, 51465 Bergisch Gladbach, Tel: 02202-93580

Deutsche See Bestattungs Genossenschaft, Damm 2, 25421 Pinneberg, Tel: 04101-29084

Der FriedWald, Ueli Sauter, Haldenhof, CH 8265 Mammern, Tel: 0041-052741, verschickt auf Anfrage Adressen von Bestattungen unter Bäumen

FriedWald, Peter Pohl, Manzeller Str. 20, 88045 Friedrichshafen

Ingo Hohn, Hartmannstr. 34, 52062 Aachen, gibt Tipps zur individuellen Urnenbestattung.

Sterbe- und Trauerbegleitung: Kardinal König Akademie, Mag. Leena Stachl, Lainzer Str. 138 Wien, Tel: 0043-1-803 9868 – Regelmäßige Seminare

AETERNITAS, Verbraucher Initiative Bestattungskultur, Im Wiesengrund 57, 53639 Königswinter, Tel: 02244-92537 – Infos zu neuen Formen des Gedenkens an Verstorbene, zum Beispiel Richtlinien für die Aufbahrung von Verstorbenen zu Hause und Aushändigung von Urnen an Angehörige etc..

Rigpa, Paul-Gerhardt-Allee 34, 81245 München, Tel: 089-89620515, Veranstaltungen für Tod und Sterbebegleitung, gegründet von Soyal Rinpoche

Wildnis Riten, Informationen zu Wildnis Riten finden Sie im Internet unter www. Visionssuche. de

Organ und Körperspende, Forum Organspende und Transplantation, Siedlungsstr. 20, 74078 Heilbronn, Tel: 07131-6425891, Fax: 07131-6425911, Internet: info@organspende-und-transplantation.de.

Weiteres unter www.Koerperspender.de

Anmerkung des Verlages

In Deutschland gibt es kein einheitliches Bestattungsgesetz. Jedes Bundesland hat seine eigenen Verordnungen, wobei manche Länder für alternative Bestattungen offener sind als andere.

Immer mehr Menschen wollen eine individuelle Bestattung auf einem Privatfriedhof, in der freien Natur, in einem Naturpark oder gar im eigenen Garten. Das ist in Deutschland im Gegensatz zum Ausland wegen des geltenden Bestattungsrechts und des Friedhofgesetzes außerhalb der kommunalen und kirchlichen Friedhöfe fast unmöglich.

Eine Alternative bietet die Seebestattung und seit kurzem auch der FriedWald, wo die Urne unter einem Baum vergraben wird. Adressen finden Sie unter „Organisationen“.

Im Ausland, zum Beispiel in Holland, kann die Urne mit nach Hause genommen werden. Auf Umwegen können auch Sie, wenn Sie außerhalb von Holland leben, die Urne privat nach Hause mitnehmen. Diplom-Psychologe I. Hohn, Aachen, gibt dazu folgende Hinweise, die wir hier freundlicherweise abdrucken dürfen:

Im Todesfall eines Angehörigen wenden Sie sich an ein ganz normales Bestattungsunternehmen in Ihrer Umgebung, das alle anfallenden Aufgaben einschließlich der Kremierung übernehmen soll. Weisen Sie das Bestattungsinstitut darauf hin, dass Sie eine Auslandsbeisetzung wünschen, die von Ihnen selbst organisiert wird.

Das deutsche Bestattungsrecht verbietet, einem Angehörigen die Urne auszuhändigen. Daher können Sie die Urne nicht persönlich ins Ausland überführen. Diese Schwierigkeit können Sie umgehen, wenn Sie das Krematorium in Slangenburg (beherr VN Delhuyzen), Postbus 419, 7000 AK Doetinchem, Holland, Tel: 0031-314-345774, bitten, eine „Urnenanforderung“ an Ihr Bestattungsunternehmen, das im Besitz der Urne ist, zu schicken.

Nach Erhalt der Urnenanforderung schickt das zuständige Krematorium die betreffende Urne auf dem Postweg nach Slangenburg. Das dauert etwa 2 Wochen. Ist die Urne in Slangenburg angekommen, muss sie noch einmal einen Monat dort aufbewahrt werden, bevor Sie von Ihnen abgeholt werden kann. Es besteht auch die Möglichkeit, dass das Krematorium Ihnen die Urne nach Ablauf der vier Wochen direkt zuschickt. Sie erhalten einen Fragebogen, wo Sie das Gewünschte ankreuzen.

Nach Erhalt der Urne sollten Sie die Urnenkapsel öffnen und etwas Erde hinzugeben. Das ist notwendig, damit Sie die Urne als „Dem Andenken des Verstorbenen geweihte Friedhofserde" wieder nach Deutschland einführen können. Durch diese Umdeklaration des Urneninhaltes, den Sie aber nirgendwo anzeigen oder dokumentieren müssen, dürfen Sie die Urne ganz legal nach Deutschland einführen bzw. überführen. Dem „Andenken des Verstorbenen geweihte Friedhofserde" unterliegt nicht dem deutschen Bestattungsrecht.

Sie können die Urne sowohl in der Wohnung aufbewahren, im Garten beisetzen, oder die „geweihte" Erde an einem Lieblingsplatz der/des Verstorbenen verstreuen. Die Kosten für das Krematorium Slangenburg sind minimal, ca. 85 Euro ohne Versand nach Deutschland.

Bibliographie

Albom, Mitch. Dienstags bei Morrie. Die Lehre eines Lebens, Goldmann 2002

Anderson, Patricia. All of Us: Americans Talk About the Meaning of Death, N.Y: Delacorte Press, 1996

Bennett, Amanda and Terence B. Foley. In Memoriam, A Practical Guide to Planning a Memorial Service. N.Y: Simon & Schuster, 1997

Bly, Robert. Die dunklen Seiten des Menschlichen Wesens. Droemer, 1993

Bauby, Jean-Dominique. Schmetterling und Taucherglocke, DTV 2002

Byock, Ira, M.D. Sterben, wachsen im Umgang mit dem Tod, Droemer 1997

Carlson, Lisa. Caring for the Dead: Your Final Act of Love, Hinesburg, VT: Upper Access Books, 1998

Colgrove, Melba, Peter McWilliams, and Harold H. Bloomfield. How to Survive the Loss of a Love, Los Angeles, CA: Prelude Press, 1993

Cooper, Rabbi David. A. God is a Verb. NW: Penguin, 1998

Despelder, Lynne Ann and Albert Lee Strickland, eds. Encountering Death and Dying, Mountain view, CA: Mayfield Publishing, 1999

Duda, Deborah. Für Dich da sein, wenn Du stirbst. Vorschläge zur Betreuung, Hugendubel

Gill, Sue and John Fox. The Dead Good Funerals Book, Engineers of the Imagination. Distributed by Edge of Time Ltd, P.0.Box 1808, Winslow, Buckingham, MK 18 3 RN, 07000 780536

H.H. Dalai Lama. Die Freude, friedvoll zu leben und zu sterben. Droemer, 2000.

Hogan, Pat. Alison´s Gift: The Song of a Thousand Hearts Opening, Silver Spring, MD: NOSILA Publishing, 1999

Iserson, Kenneth V., M.D. Dust to Dust. Tucson, AZ: Galen Press, 1995

Jung, Carl Gustav. Symbole und Traumdeutung. ‚Ein erster Zugang zum Unterbewusstsein, Walter Verlag, 1998

Kelerman, Stanley. Living your Dying, Berkley, CA: Center Press, 1983

Kornfield, Jack. A Path with Heart: A Guide Trough the Perils and Promises of Spiritual Life, N.Y. Bantam, Doubleday, Dell 1993

Kübler-Ross, Elizabeth. Über den Tod und Danach, Silberschnur Verlag 2000

Kübler-Ross, Elizabeth. Remember the Secret. Berkley, CA: Celestial Arts, 1998

Levine, Stephen. Noch 1 Jahr zu leben. Wie wir dieses Jahr leben können, als wäre es unser letztes. Kamphausen, 1998

Levine, Stephen. Who dies? Wege durch den Tod, Kamphausen, 1999

Longaker, Christine. Dem Tod begegnen und Hoffnung finden. Die emotionale und spirituelle Begleitung Sterbender, Piper Verlag 1997

Miller, Sukie, Ph.D. Nach dem Tod. Stationen einer Reise, Piper Verlag, 1997

Mitford, Jessica. The American Way of Death Revisited, N.Y.: Alfred A. Knopf, 1998

Morgan, Ernest, Dealing Creatively with Death, A Manual of Death Education & Simple Burial. Hinesburg, VT: Upper Access Books, 2000

Murray, Elizabeth. Cultivating Sacred Space: Gardening for the Soul. Rohnert Park, CA: Pomegranate, 1197

Nhat Hanh, Thich. Being Peace, Berkley, CA: Parallax Press, 1987

Nearing, Helen. Ein gutes Leben, ein würdiger Abschied. Pala Verlag, 1996

Nuland, Dr. Sherwin. Wie wir sterben: Ein Ende in Würde, Droemer, 1996

Palmer, Greg. Death: The Trip of a Lifetime. San Francisco: HarperCollins, 1993

Rinpoche, Sogyal. Das tibetische Buch vom Leben und Sterben. Ein Schlüssel zum tieferen Verständnis vom Leben und Tod. Barth Verlag, 2000

Shaw, Eva. What to do When a Loved One Dies: A Practical and Compassionate Guide to Dealing with Death on Life´s Terms. Irving, CA: Dickens Press, 1994

Singh, Kathleen D. The Grace in Dying: How We are Transformed Spiritually as We Die. San Francisco: HarperCollins, 1998

Some, Malidoma Patrice. Die Kraft des Rituals. Diederich 2000

Starhawk, M. Mach Nightmarte, and the Reclaiming Collective. The Pagan Book of Living and Dying: Practical Rituals, Prayers, Blessings and Meditations on Crossing Over. San Francisco: HarperCollins, 1997

Webb, Marilyn. The Good Death: The New American Search to Reshape the End of Life. N.Y.: Doubleday, 1999

Über die Autorinnen

Salli Rasberry

Die Bestsellerautorin Salli Rasberry war maßgeblich an der Landbewegung in den sechziger Jahren beteiligt. Ihre Bücher über Erziehung, Geld, Geschäft und Kreativität gaben einer ganzen Generation moderner Pioniere Inspiration und Orientierung. Sie lebte in einem Tipi, war aktive Teilhaberin einer Schafranch, gründete eine alternative Schule und produzierte Sexfilme. Heute ist die unermüdliche Aktivistin Präsidentin des Sonoma Land Trust, sitzt im Vorstand der Redwood Funeral Society und singt im Threshold Choir,. Die passionierte Blumengärtnerin und Umweltschützerin lebt mit ihrer Familie im Hügelland von Sonoma County, Kalifornien.

Carole Rae Watanabe

Carole, der man schon immer nachsagte, dass sie ihrer Zeit voraus ist, verwandelte die Kunstlandschaft der Bay Area in San Francisco mit ihren innovativen Ideen. Sie gründete die erste Galerie für Fiber-Kunst, die Danger Rangers und die Apprentice Alliance. Jetzt richtet sich ihre unbezähmbare Energie auf den Süden Frankreichs, wo sie in einem mittelalterlichen Dorf einen Kunsthimmel geschaffen hat. Ihre Gemälde, Papierskulpturen und Wandteppiche finden sich in privaten und öffentlichen Sammlungen auf der ganzen Welt.

Schlüssel zum göttlichen Selbst

Der aufgestiegene Meister in Dir

von Joanna Cherry, 214 Seiten, 14,5 x 21 cm

ISBN 3-926388-45-5 EURO 29,80

Die Autorin lässt uns in Neuland vorstossen, von dem wir bisher keine Vorstellung hatten und gibt uns ein Gefühl von unserem wirklichen Wert und unserer wirklichen Grösse.

Karma auflösen

von Joanna Cherry

280 Seiten, 14,5 x 21 cm, broschiert

ISBN 3-926388-47-1 EURO 29,80

Willst Du Dich vom Karma vergangener Leben und von gegenwärtigen Verstrickungen befreien? Willst Du ein völlig neues Leben mit unbegrenzten Möglichkeiten?

Entschlüssele Deine Träume

und verstehe die Botschaften Deiner Seele

von Stephan Schumann

168 S., 14,5 x 21 cm

ISBN 3-926388-48-X EURO 26,00

Der Ruf der Seele

von Josiane Antonette

Übersetzung aus dem Amerikanischen

112 Seiten, 14,5 x 21 cm

ISBN 3-926388-51-X EURO 21,00

G. Reichel Verlag, Reifenberg 85, D-91365 Weilersbach, Tel. 09194-8900, Fax 09194-4262

Leben aus dem Sein
Ein Buch über Babaji

von Radhe Shyam, Übersetzung aus dem Amerikanischen
368 Seiten
14 Fotos, 15 x 21 cm,
ISBN 3-926388-17-X EURO 32,00

Ich bin Du - BABAJI
Botschaften des Meisters vom Himalaya
Maria Gabriele Wosien (Hrsg.)
118 Seiten, 11 Fotos
11,5 x 18,5 cm, ISBN 3-926388-2 EURO 16,80

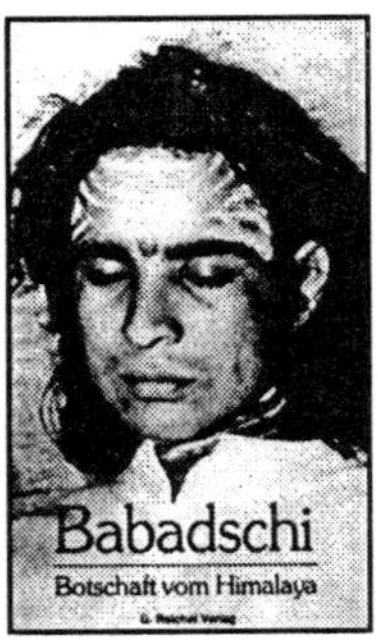

BABADSCHI
Botschaft vom Himalaya
von Maria-Gabriele Wosien,
mit zahlr. Abbildungen, erweitert um das
Kapitel „Der Weise Vasishta“, 135 S.
11,5 x 18,5 cm, ISBN 3-926388-00-5 EURO 19,80

BABAJI - Pforte zum Licht
Ein Erlebnisbericht
von Gertraud Reichel, 168 S., 9 Fotos
14,5 x 21 cm , ISBN 3-926388-12-9 EURO 19,80
Auch in Englisch und Japanisch erschienen

G. Reichel Verlag, Reifenberg 85, D-91365 Weilersbach, Tel. 09194-8900, Fax 09194-4262

Talente

entdecken, entfalten und leben ist Freude

von Christina Aprato, 126 Seiten, 14,5 x 21 cm

ISBN 3-926388-54-4 EURO 11,25

Babaji

Auf der Suche nach Wahrheit und Liebe

von Gora Devi, Übersetzung aus dem Italienischen

etwa 120 Seiten, 15x21 cm

ISBN 3-926388-55-2 EURO 12,27

Intuitiv handeln

Schnellkurs für Arbeitsplatz und Alltag

von Gina Giacomini, Übersetzung aus dem Amerikanischen

134 Seiten

14,5 x 21 cm , ISBN 3-926388-54-4 EURO 11,25

Tierisch gute Gespräche

Lerne mit Tieren zu sprechen - sie antworten Dir

von Amelia Kinkade, Übersetzung aus dem Amerikanischen

247 Seiten, geb., 14 x 20,5 cm

ISBN 3-926388-57-9 EURO 18,41

Die Zauberformel des Wünschens

Mit vier Schlüsseln zur Entfaltung

von Vernon M. Sylvest aus dem Amerikanischen

184 Seiten., 14,5 x 21 cm,

ISBN 3-926388-53-6 EUR 15,24

G. Reichel Verlag, Internet: www.reichel-verlag.de, E-Mail: info@reichel-verlag.de

Prophezeiungen

Alte Nachricht in neuer Zeit

von Stefan Berndt, 457 Seiten, 15,5 x 21,5 cm

ISBN 3-926388-60-9 EURO 19,90

Die kommende Weltkrise

Wie überlebt man den dritten Weltkrieg

von Michael Hesemann / Henri Schnyder
220 Seiten, 14,5 x 21 cm, broschiert
ISBN 3-926388-46-3 EURO 15,24

Polsprung

Prophezeiungen und wissenschaftliche Analysen

von Hans J. Andersen, 240 Seiten, 14 x 21 cm
ISBN 3-926388-43-9 EURO 15,24

Das Lebenselixier

von Edward Bulwer-Lytton, Übersetzung aus dem Englischen, 440 Seiten geb., 14 x 20,5 cm
ISBN 3-926388-50-1 EURO 15,24

Mystischer Roman um ein geheimnisvolles Lebenselixier.

Energie der Zukunft

Die Ballard Brennstoffzelle und der Weg zum sauberen Elektroauto

von Tom Koppel, ca, 280 Seiten,
14,5 x 21 cm , ISBN 3-926388-58-7 Euro 19,94

G. Reichel Verlag, Reifenberg 85, D-91365 Weilersbach, Tel. 09194-8900, Fax 09194-4262